大展好書　好書大展
品嘗好書　冠群可期

大展好書　好書大展
品嘗好書　冠群可期

休閒娛樂
49

趣味性史漫談

玄虛叟／編著

大展
出版社有限公司

前言

即使到現代，都還不算是在性方面非常開放的時代。「性」這個東西非常深奧，在任何一個時代，都讓人覺得非常神秘。性風俗在古今中外都有不同的變化，因而展現出趣味無窮的風貌。

為什麼人類對性如此感與趣呢？生物學的觀點認為是生殖，但是，現在卻出現很多並不伴隨生殖行為的性行為。

以前的人認為性行為是不潔的行為。認為惡魔是經由女性性器進入體內，所以，第一次的性行為很危險，應該要避免。必須要在三天內趕走惡魔，然後再迎接初夜的到來。

現在已經沒有人相信這一點了，但是，從世界性風俗史來看，有許多無法得知其真實性的驚人話題。

本書從許多文獻資料中蒐集了趣味性風俗的傳聞，描繪奇妙的性世界史。讓大家能夠瞭解性世界史的一面，而且以新的眼光來思考性與人類的關係。

目錄

第一章 偷窺古代的性姿勢

第二章 以前就有愛的技術！

第三章 謳歌性歡愉的人

第四章 竟然有這樣的性事

第五章 在性的道路上迷惘的人

第六章 切身性知識

第1章

偷窺古代的性姿態

性的神秘力量

性行爲的結果會導致懷孕、生產。但是，對原始時代的人而言，性具有的生殖力是不可思議的現象。他們並不知道藉著性行爲釋放出的精液，會在女性體內創造出生命，最後成爲小孩而誕生。

在未進行農耕，靠著狩獵、漁撈、採集過活的時代，性行爲並不像現在是爲了滿足性慾而隨時進行的。一年只有一次交尾期，性本能在這個時期才發揮作用而進行性交。

人們後來覺得性具有的生殖力非常神秘，因此，將其與信仰結合。

可以由在世界各地出土的女性像，證明崇拜性神秘這一點。例如，在奧地利南部的威連德爾夫發現的著名的女性像「威連德爾夫的維納斯」。

這個高十一公分的雕像是三萬年前製造出來的。擁有巨大乳房、豐盈的腰部與臀部，甚至誇張的描繪出女性性器，呈現出豐滿的肉體。當時認爲這是最理想的女性美表現。

另一方面，在世界各地也建造了許多糙石巨柱，表現出巨大的男根。例如，在法國布列塔尼高九公尺的石柱，就是在四千年前建造的。

以前的人們雖然相信性具有神秘的力量，但是，還不知道性具有生殖力，基於這個狀態，雖然女人會生下小孩，不過，男人卻不認爲這些是自己的小孩，只認爲是自己所屬團體的小孩而已。

因此，男人不會獨佔一名女人，而是共有。不論男女，只要有機會，就可以和任何人進行性行爲。

那時當然知道性行爲是快樂的事情，卻無法說明其生殖力，只認爲會生出孩子是超自然的力量。而且屬於團體的所有男女，都認爲是藉著生殖力之賜才能活在世界上。

有一種說法是大地具有產生無數獸群的生殖力，要發揮這個力量則需要天力。大地是女，天是男。也就是說，男女的性行爲是天與地合一的行爲。

古代也進行提高女性生殖機能的儀式。例如，撒哈拉沙漠廷拉朗的岩壁畫，就描繪出性行爲的圖案。

這是五千年前的壁畫。畫中女人的雙腳張開，而男人正要將男根插入。男人似乎是巫師，戴著野獸的面具，而且還有尾巴。

可能是因爲男人穿著獸皮，使得這幅壁畫讓人覺得好像是將神秘的力量灌注到女體內的儀式。

在農耕時代的一萬年前，因爲農耕普及而產生性生活的變化。食物豐富而產生了文化，造成戀愛感情的萌芽。

此外，耕重的土地是珍貴的財產，產生了所有權。能夠生下成爲勞動力小孩的女人，也同樣被視爲是財產。因此，男人爲了獨佔女人而建立了結婚制度。

但是，當時的結婚制度非常寬鬆，男女都擁有可以隨著自己的性慾選擇對象的自由。

性交體位最初和野獸一樣是後背位，但是，獨佔女性之後，產生了各種的變化形，這也造成了日後各種性的戲劇化演出。

賣春是「世界上最古老職業」的理由

經常聽說「賣春是世界上最古老的女人職業」，但原本賣春並不是金錢交易，而是一種慈善事業。

蘇美人是歷史上最古老的民族，在西元前三千年的美索不達米亞南部，建立了都市國家，發明了楔形文字。

在蘇美有被稱爲「神殿妓女」的性交技巧純熟的女人。後來希臘人將她們稱爲「希耶洛德洛斯」。來自各地的男人帶著貢品來到神殿，而神殿妓女們具有和這些男人進行性行爲的義務。

她們被視爲是神的妾，性行爲是一種接待，與陌生男子的性交被視爲是一種神秘的夫妻關係。也就是說，他們所進行的性交，就好像是對神的奉獻一樣。而稱她們爲神殿妓女，並沒有一點輕蔑的意思。

蘇美的女子們也有在神殿中奉獻出處女的習慣。處女流的血被視爲是神喜愛的貢品，因此，女子們在祭壇前將自己交給神的代理人祭司，流下處女血。

與祭司發生的性行爲被視爲是神聖的儀式，女子們不會感到羞恥而奉獻出自己的處女之身。

有一位掌管愛與婚姻、性愛、五穀豐收的女神伊休塔爾。其神像就是畫出豐滿的乳房。

但是，伊休塔爾同時也是男神，其證明就是有鬍子，是具有兩性性徵的神祇。女孩們把祭司當成是男神伊休塔爾的神聖化身，深信不疑。反過來說，可能是從事聖職者讓女子們有這樣的想法。獻出自己的處女身，接受祝福之後，女子們才可以結婚。伊休塔爾是婚姻的守護神，同時也是神殿妓女們的守護神。

然而在蘇美的婚姻制度中，男人必須購買妻子。也就是說，雖然基本是一夫一妻制，但是，男人擁有妾或是和神殿妓女享受性愛之樂，也不會被責怪是不道德的行爲。

誘拐女子發生性行爲時，如果是單身男子，必須和這名女子結婚。如果是已婚男子，則必須要支付女孩的父親慰問金。

這個地區變成巴比倫帝國之後，還是維持這個習慣。巴比倫的女孩在神殿奉獻完處女身之後，就可以結婚或是談情說愛。

當然，還是有神殿妓女的存在，但是，她們已經不再進行慈善的性行爲，而是成爲拿錢才能和對方進行性行爲的神殿妓女了。

巴比倫將「神殿賣春」視為是女人的義務

古希臘歷史家海洛德特斯曾說：新巴比倫帝國（西元前六二五～西元前五八三）有「神殿賣春」的行爲。就是將在蘇美發生的慈善賣春加以變化，成爲接受金錢爲報酬的行爲。

但是，每一位女子必須遵從在一生一次坐在慕莉特神殿中將自己委身給任何一位男子的制度。慕莉特就相當於希臘．羅馬神話中愛與美的女神阿佛洛狄特。

男子走到一堆坐著的女子面前，對她們品頭論足，挑選喜歡的女子。接著男子對那名女子說：「藉著女神慕莉特之名，我挑選你。」並且將錢扔到女子的膝旁。

這名女子就必須和扔錢過來的男子進行性行爲，結束之後就可以回家了。但女子卻不能挑選男子。即使對方錢很少或是討厭的男子，也必須與最初把錢扔給她的男子進行性行爲。

如果不與男子進行性行爲就無法回家。因爲女子不能挑選男子，因此，只好一直坐著等待男子將錢扔過來。有魅力的女性當然立刻有人扔錢過來，但是，醜女就無人問津了。因此，有的女人持續坐在那裡三、四年，即使是有錢的女子也無法逃離這個制度。這種在神殿中的賣春行爲被視爲是一種義務。

不過，有些很驕傲的女子不希望和其他的女子一樣，會帶著許多侍女或乘坐馬車而來，但男子卻不需要爲了這些行頭而支付更多的金錢。總之，只要動作快一點就能得勝，所以，男子會爭相扔錢。

爲什麼巴比倫的女子要進行這種賣春的行爲呢？因爲她們認爲和陌生男子進行性行爲是神聖的行爲，是對神的奉獻。

慕莉塔是生殖之神，會帶來多子多孫及五穀豐收。而女子們藉著在神殿進行賣春的方式對神奉獻，希望能夠得到五穀豐收，以及在自己婚姻生活中得到好子女。

坐在神殿的女子們奉獻給女神，與女神相連的象徵就是脖子上要綁著一條繩子。而結束對神的奉獻、神聖的賣春行爲之後，就可以拿掉繩子回家去了。

在古埃及也存在著這樣的「神殿妓女」。根據海洛德特斯說，法老（王）會積極的讓自己的女兒成爲神殿的巫女。當時的巫女也可能就是妓女，和旅行中的男子們發生性行爲，賺取金錢。

建造最大的金字塔而著名的克夫王，爲了建造巨大的金字塔，據說曾讓女兒賣春，將其報酬用來當成建造費。

這種「神殿賣春」在古代各地都曾發生，但是，逐漸失去神聖的宗教意義，後來結婚前的女子賣春變成賺取嫁妝的行爲。

古希臘的娼妓

古希臘在很早以前就有妓女。在西元前六世紀，雅典就已經有妓女戶。這是由希臘七賢之一的政治家索倫建立的，因此，他被稱爲是賣春制度的創始者。

妓女戶屬於國家設施，在這裡的妓女們是用國家經費購買的外國奴隸。她們會赤身裸體的招攬顧客，不過因爲是國營妓女戶，所以要收取稅金。

此外，還有稱爲「海泰拉」的高級妓女。海泰拉的意思是「女朋友」，和妓女不同的是會唱歌、跳舞，具有才藝、有教養，懂得高明的說話技巧。

當時希臘社會中的女子地位很低，女子不能出現在人前，否則會成爲男人的笑柄。因此，女人不會出現在人前，一定要待在家裡面。即使有客人來，妻子也不能出面接待客人。

而這時替代妻子招待客人的就是「海泰拉」。她們接待的酒宴當然非常淫亂，最後都會同床共枕，因此，很難和妓女區別。「海泰拉」們都擁有魅力的肉體，將其當成她們的賣點。

有一位非常著名的「海泰拉」芙留妮，她非常美豔，當時有許多雕刻家或畫家都會將她當成模特兒，用來雕刻或畫出阿佛洛狄特女神像。

她有一個愛人，因爲發生了爭吵，這位男子被芙留妮嫌棄。憎恨她的男子認爲她污蔑了神的神聖，以莫須有的罪名告上法庭。著名的雄辯家爲她辯護，但即使滔滔不絕的雄辯，陪審員們卻不聽辯護，而判了她死刑。

後來雄辯家採取的最後手段，就是叫芙留妮在陪審員們面前脫光她的衣服，露出乳房。陪審員們都被她的美懾服了，認爲「她的確是服侍阿佛狄洛特的女子」，而做出了無罪的判決。

這段傳說描繪出芙留妮的美麗與具有魅力的肉體。所以，她賺了很多的錢。據說曾有著名的雕刻家製作她的黃金像，放在迪佛神殿中。

不光是芙留妮，所有的「海泰拉」都具有美麗的肉體。在接待客人時，全身都要化妝。身體要抹上椰子油，頭髮與眉毛都噴上薄荷香水，喉嚨和膝則塗上鈴子香精。鈴子香是會開白色與紫色花的香料植物，具有甘甜香味，會令男人情不自禁的想要一親芳澤。

嘴唇和乳頭則塗上紅色。必須剃掉陰毛，穿著薄麻布製成的長袍，肉體若隱若現。

「海泰拉」們在床上非常熱情，能帶給男人最高的快感。在結束性行爲之後，她們會用撒上香水的布仔細擦拭男子的陰莖。

臀部美麗的風流女神

阿佛洛狄特是在希臘・羅馬神話中著名的美與愛的女神。她是宙斯與迪奧妮所生的孩子，傳說是由泡沫中誕生的。

由泡沫誕生的說法當然是神話的傳說。而這個泡沫據說是地神蓋爾的丈夫希臘眾神的始祖烏拉諾斯切掉的陰莖。

換言之，就是將生殖力人格化而成爲海中的泡沫。

阿佛洛狄特非常好色，是一個風流的女神。她和鐵匠神海法斯特斯結婚，但是他爲了戰爭忙著打造武器，完全不理會向他求愛的妻子阿佛洛狄特。

阿佛洛狄特只好壓抑自己的性慾，獨守空閨。這時軍神亞雷斯接近她，挑起她的性慾，兩個人終於同床共枕。

原本好色的阿佛洛狄特由於丈夫無法滿足她的性慾，因此，接受了亞雷斯的引誘。但是，亞雷斯和她是同父異母的兄妹，算是一種近親相姦的行爲。可是這種行爲卻在古代眾神中屢見不鮮。當時的性常識也與現在不同，非常的開放。

得到亞雷斯的愛之後，阿佛洛狄特變得越來越美麗。知道妻子不貞的海法斯特斯非常生氣，並等待當場捉姦的機會。

海法斯特斯爲了抓住兩人，發揮了鐵匠的手腕，製造了一個特殊的網。機會終於到來了，海法斯特斯偷偷的接近正在做愛的兩個人，投出網子。擁抱中的兩個人被網子網住，再也無法分開了。

海法斯特斯爲了讓兩人成爲眾人的笑柄，因此，將他們展示在奧林帕斯山的眾神面前。

但眾神並不嘲笑亞雷斯和阿佛洛狄特，反而嘲笑海法斯特斯。笑他丈夫的尊嚴掃地，卻渾然不覺得羞恥。

然而風流的阿佛洛狄特不會因爲只擁有亞雷斯而感到滿足，不久之後她就誘惑海梅斯，同時與美少年亞德尼斯發生關係。亞雷斯具有野性的激情，但是，她卻從亞德尼斯給她的快感及溫柔中得到滿足。

阿佛洛狄特就是這樣率性的追求享樂。因此，她被視爲是純真之愛與官能之愛的女神，而受人愛戴。

此外，她的肉體極具魅力，特別她有「臀部最美的女神」之稱。在西西里島休拉克塞的阿佛洛狄特像，的確表現出美麗的臀部。

據說是具有美麗臀部而婚姻美滿的兩個姊妹，相信自己的美臀是來自於阿佛洛狄特，所以鑄造了她的雕像。

中國古代的性與婚姻

中國古代的後宮制度與古埃及相同，在西元前兩千年時就已經存在了。例如，周王有皇后（后）一人、王妃（夫人）三人、第二級的妻（嬪）九人、第三級的妻（世婦）二十七人、妾（御妻）八十一人，還有後宮的許多妻子，合計一百二十一人。

皇帝必須透過性交繁衍聰明的子孫，使其德行能永久存續才行，因此，需要很多的女子。

人數具有重要的意義。奇數是陽性，代表男人的精力。偶數爲陰性，代表女性的生產力。

而奇數三，代表男人的強大精力，九是三的三倍，表現男人更強的精力。而九的三倍是二十七，二十七的三倍就是八十一人。

擁有這麼多的嬪妃，當然需要管理皇帝與嬪妃之間性事的人，就是稱爲「女史」的特殊女官。

皇帝並不是照著自己的心情進行性行爲，而是需要對照黃曆及祭禮等，安排與各階級的嬪妃進行性行爲。

當時認爲男性可以在性交時由陰道吸收女性的活力，而使女性的活力增加。因此，皇帝必須先和一些下級的嬪妃進行性行爲，等到性能力到達最高點時，才能與皇后同床共枕。

事實上，經過數次的性行爲之後，不但無法提高性能力，反而會更加疲累吧！但是，當時卻深信不疑，認爲男性活力到達最高點時，才是能夠繁衍後代的最好機會。

基於這樣的理由，皇帝和下級的女子經常進行性行爲，但和皇后在一起的時間卻一個月只有一次而已。

將後宮嬪妃帶到皇帝寢宮的是女史的責任。女史會在寢室觀察皇帝與嬪妃們的性行爲直到最後，並且仔細的加以記錄。

此外，高位的皇后或王妃可以在寢室中過夜，但是，其他的嬪妃在天未亮時就必須回到自己的房間。

皇帝以外的統治階級者的婚姻制度是除了第一夫人與第二夫人之外，一般還擁有許多的妾。基本上是族外通婚，不能和同姓的女子結婚，也不可以將其納爲妾。當時認爲和同姓女子間的性行爲，會對當事者及其子孫帶來災難。

媒人在結婚之前必須要先調查新娘是否真的是其他姓氏的人，確認這一點之後，才能和女方的雙親商討結婚的事。

決定結婚之後，新郎把新娘娶回家中舉行婚宴，當天晚上就圓房。這時新娘的妹妹或侍女可以當成新郎的妾，一起上床。

總之，統治階級者的婚姻大都是儀式的，而且早就決定好的。

而一般庶民的婚姻則非常開放。在祈禱春天五穀豐收時，年輕男女一起唱歌跳舞。如果有年輕男子當場向女子求婚，而女方也接受，就可以立刻上床。如果女方在秋天結束前懷孕，就可以正式結爲夫妻。

雖然不能像統治階級者一樣擁有豐富、豪華的生活，但是在性生活方面，庶民的女子反而更自由、充實。

懷孕與不孕的性煩惱

在現代連小學生都知道懷孕的原理，但是，原始人認爲孕婦是神秘創造物的負責者，被視爲是神聖的人。

因此，孕婦的性器及乳房等都被視爲是禁忌。對於擁有超自然力量的東西，絕對不能去觸摸或說出口來。

所以，不能觸摸孕婦的性器或乳房。孕婦被視爲是有力量守護聖靈的人，因而被視爲禁忌。孕婦自己一旦懷孕時，也會認爲是一種驕傲。在某地區甚至會露出大肚子給別人看。

但是，也有因爲不孕而煩惱的女性，這時必須利用咒語或藥物等克服不孕，希望能夠懷孕。

例如，有些地區相信女人原本就擁有讓勁敵變成不孕的魔力，爲了封住這個魔力能夠生孩子，要配戴護身符。在那個地區，則有給希望懷孕的女性喝下死去男子性器混合經血的風俗習慣。

古代的猶太人與埃及人則是將各種植物和動物採集的精華，製造出特殊的藥物，然後用來清洗女性性器的內部，認爲這樣就能產生活力。

此外，女人兩個多月不進行性行爲，能夠使血液循環順暢，然後再進行性交就會懷孕。

也有人不希望懷孕。古希臘．羅馬時代會使用帶有繩子的海綿，就像現在的衛生綿條一樣的避孕方式，但卻無法得到確實的效果。

此外，也使用避孕藥。希臘哲學家亞里斯多德介紹的方法是「使用錫油軟膏或含鉛的軟膏，將乳香與橄欖油混合，放入子宮內」。以現代醫學的觀點來看，也不是毫無根據的。

當時有各種避孕法，但卻沒有確實的方法，所以，男女之間盛行肛交。這個習慣一直持續到中世紀爲止。

在十六世紀時塗抹麻油的保險套登場，但因爲會減低快感，並沒有普及。

貴族和妻妾和妓女經常使用海綿綿條，認爲將幾滴白蘭地滴在海綿上，具有堵住子宮口的效果。而事實上因爲白蘭地是鹼性的，的確具有殺死精子的效果。

直到十八世紀保險套出現之前，的確出現過許多的避孕法，並付諸實行。性的神秘逐漸淡薄之後，不孕或懷孕的煩惱卻沒有消失。

古代中國的性愛哲學

古代中國的男性性交有兩個目的。第一就是讓女性懷孕，生下能繼承家業的健康男孩。另外一個就是吸收女性的氣，強化男性的生命力，同時女性也可以得到身體的利益。

男性的氣屬「陽」，女性的氣屬「陰」。若要得到健康的男孩，就要活化「陰氣」，也就是在月經後五日內進行性交、射精是最理想的。

女性的「陰氣」具有提高男性活力的作用，而更有效的方法就是在女性達到高潮的時候。因此，男性在射精之前，必須努力讓女性達到高潮。

男性如果想從女性吸收更多的「陰氣」，就要盡量將陽具長時間停留在女性性器內，延長射精的時間。古代中國地位較高或富裕的男性除了妻子之外，還擁有許多妾室，能夠滿足其性要求，就是因爲長時間與女性「陰氣」的接觸而增強男性的「陽氣」。

古代中國也出版了許多的性典，也就是性的指導書籍。基本上一定會配合之前所說的兩個性交目的來書寫。

中國清末的學者葉德輝重現了古代中國的性典『洞玄子』。洞玄是指七世紀醫學院的監督季洞玄博士，書名『洞玄子』是指『洞玄先生的性愛術』。

首先他說道：「要使人類繁榮，一定要進行性交。這一點是以天地爲範。此外還要調整陰陽，能夠領悟到其意義者，才能養性、長壽。而不瞭解這個意義者，害己且年輕早死。」

男女頭一次性交時，男性必須坐在女性的左邊，然後男性盤腿坐，將女性抱在膝上。

「抱住纖細的腰，愛撫如碧玉般的身體，呢喃愛的話語，將兩人的心融合在一起，緊緊抱住，嘴唇互相貼合。」

他認爲接吻是性行爲的重要預備行動，所以，也詳細的教導眾人此步驟。男子要吸吮女子的下唇，女子則要吸吮男子的上唇。然後互相吞下對方的唾液。像這樣反覆進行愛撫與接吻時，漸漸的渾然忘我，而埋首於官能的世界中。

這時「女子用左手握住男子的陰莖，男子用右手撫摸女子的私處。當男子有感覺時，陰莖會顫抖膨脹，女子有感覺時，私處會滋潤滑順。在這種狀態下就可以結合了」。

關於陰莖的活動，則說明爲以下九種。

一、如猛將破敵陣似的朝左右移動。

二、如野馬渡河時跳躍一般上下起伏。

三、如雁群飛過波間一般若隱若現。

四、如麻雀啄食米粒一般瞬間變化，深淺攻擊。

五、如大石落海般進行深淺攻擊。

六、如蛇冬眠般緩慢前進移動。

七、如老鼠被敵人追趕般迅速逃進洞穴中，迅速將前推進。

八、如鷹捕捉兔子般縮著腳往上飛翔。

九、如船遇強風般波浪起伏。忽而向上，陡然向下。

此外，還敘述了各種心理準備。結論就是必須要按照天地宇宙的法則來進行，這對男女來說才是健全的性行爲。

古代中國的基本體位與次數

『房內記』是古代中國的性典。「房內」是指閨房的意思，也就是在寢室內的性愛術。其中有「九法」、「八益之法」、「七損之法」，介紹了基本的技巧。

•九法

一、**龍騰**　女子仰躺，男子趴在其上。女子下半身打開，接受陰莖。男子緩急自如的搖動。淺八次，深入兩次。反覆這麼做，令女子歡愉。

這是指傳說中的聖獸，四神之一的青龍在翻滾的情形。能消除百病。（圖1）

二、**虎步**　女子俯臥，臀部高高抬起。男子在身後插入陰莖，抱住女子的腹部。

緊密貼合，迅速進退，令女子歡愉。能夠預防百病，令男子更有活力。

這是指老虎在走路的模樣。可以使百病不發，同時讓男性的元氣旺盛。（圖2）

三、猿搏　女子仰躺，男子扛起其雙腿，令女子的臀部高高抬起。插入陰莖，則愛液如雨般滴下。男子深入時，女子可以達到高潮。

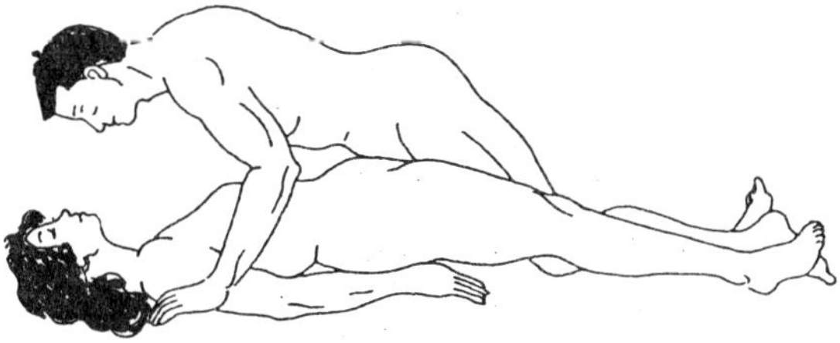

圖 1

圖 2

圖 3

圖 4

圖 5

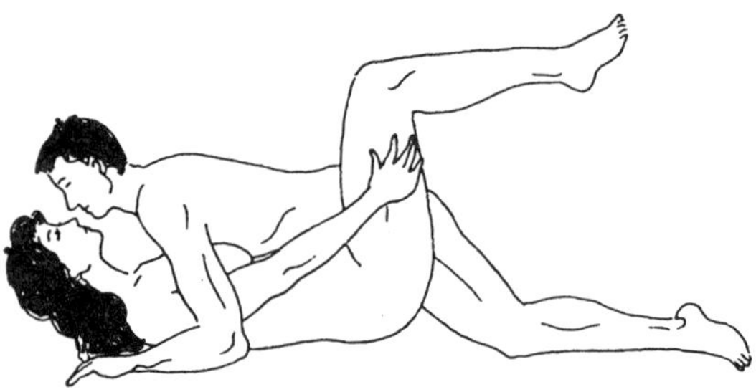

圖 6

這是指猿猴扛著樹枝的狀態。可治百病。（圖3）

四、蟬附　女子俯臥，男子趴在其上，深插入陰莖。女子的臀部稍微抬起。撫摸陰蒂時，可令女子分泌大量愛液。

這是指蟬攀附著樹幹。能消除七傷。七傷是基於強度精神感動的疾病總稱，至

於七種原因是喜、怒、憂、思、悲、恐、驚，詳細記載於《素問》。（圖4）

五、龜騰　女子仰躺，雙腿彎曲。男子將女子的膝壓在胸部附近，而陰莖深插入。深淺愛撫陰蒂。女子在歡愉時會自然擺動腰部，充滿愛液。深插入時，女子會產生快感。

這是指傳說中的聖獸，四神中的玄武（龜與蛇的合體）在空中飛舞的狀態。可以使精力百倍。（圖5）

六、鳳翔　女子仰躺，男子將其雙腳打開抬起。男子跪在女子雙腿之間，陰莖深插入。女子感覺到熱而硬的陽具，移動身體。陰蒂打開，噴出愛液。

這是想像中的聖鳥，鳳在飛翔的樣子。可消除百病。（圖6）

七、兔吮毫　男子仰躺，雙腿伸直。女子跨坐在男子的腿上，陰莖插入陰道。男子往上衝時會增加快感，愛液如泉般湧出。

這是指兔子在吸吮細毛的樣子。可預防百病。（圖7）

八、魚接鱗　男子仰躺，女子跨坐其上，雙腿往前伸。女子的陰道慢慢接近陰莖，靜靜的插入陰莖。淺插入之後，女子好像喂哺嬰兒一樣會自動搖晃。要儘可能花較長的時間接觸，才能提高快感。

這是指兩條魚緊貼在一起，互相摩擦魚鱗的樣子。可以治療由壓力引起的內臟疾病。（圖8）

九、鶴交頸　男子盤腿坐，女子跨坐其上。女子抱住男子的脖子，自己將陰莖插入陰道中。男子抱住女子的臀，幫住其上下搖動。女子感覺快感，就會大量分泌

圖7

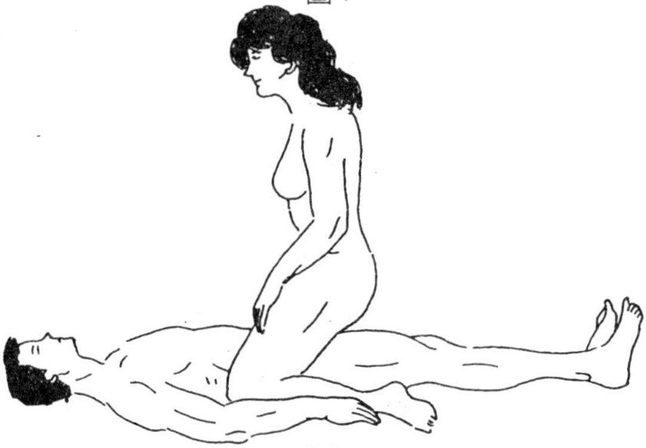
圖8

圖9

愛液。

這是指兩隻鶴把頸子交纏在一起的樣子，可以治療七傷。（圖9）

●八益之法

一、固精　這是指前側位的男女同位。可治療漏血（月經過多），增強男性的精力。（圖10）

二、安氣　這是對向位、伸展位、高腰型的體位，因爲三、九都是陽數，所以一般認爲，這種體位有緩和陽氣的效果。女性雖然屬於陰，但是，因爲冷虛症而感到更冷的女性，可以用陽氣來得到溫暖。（圖11）

三、利臟　這是指後側位，男女同位的體位。治療效果與二益的安氣相同，但是，體位與數不同。這種體位對男性來說比較輕鬆，而且有利於五臟（肝、心、脾、肺、腎）。（圖12）

四、強骨　這是指男上位的側位。可以治閉血。閉血即月經的異常停止。（圖13）

五、調脈　可以治療陰道痙攣。這種體位與四益的強骨相同，但是，女性的腳

要稍微彎曲，男的則伏在女性身上。（圖14）

六、蓄血　這種體位可增強男性的力量、治療女性的生理不順。原本是寫著畜血，但由字面上來看，應該是蓄的誤寫。這是女上位的側位。如果體內能貯存血，那麼，隨時要用都可以得到供給，如此一來，人力當然會加強。（圖15）

圖 10

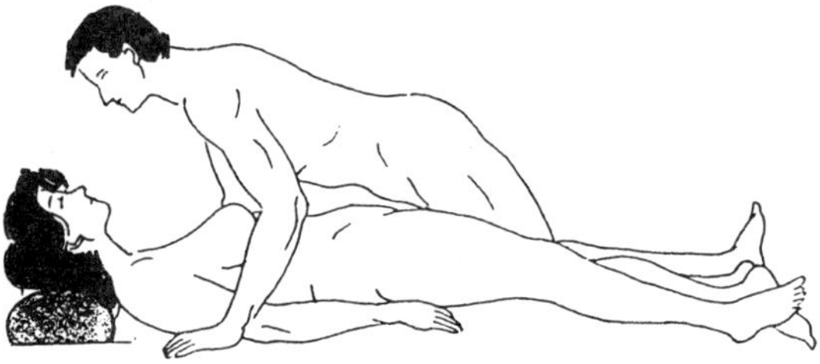

圖 11

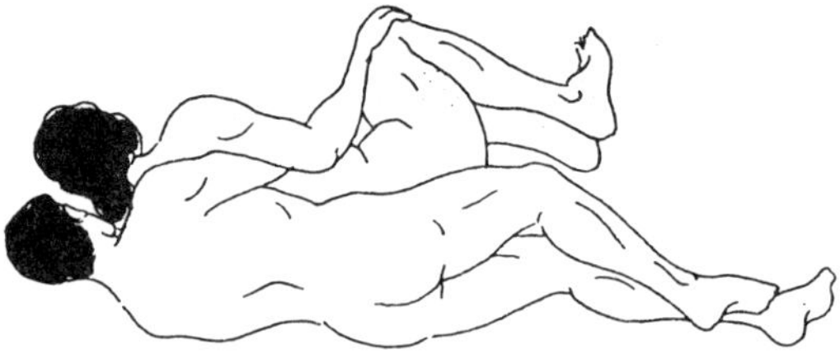

圖 12

七、**益液**　背後位的高腰型，可以使骨骼堅固。（圖16）

八、**道體**　對向位彎曲的典型。這八益如果都能做到不洩精，便可治療女性陰部的惡臭。（圖17）

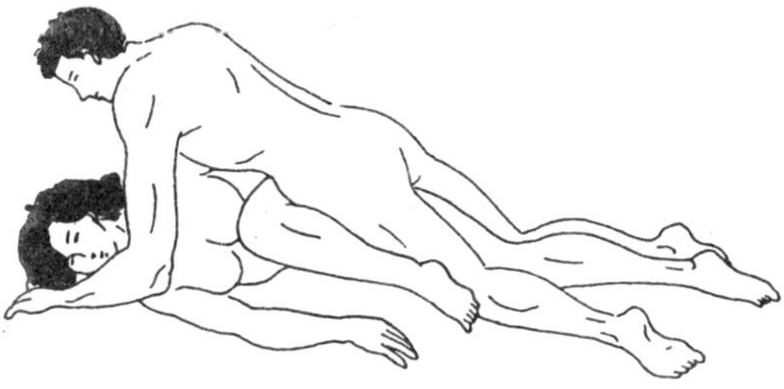

圖 13

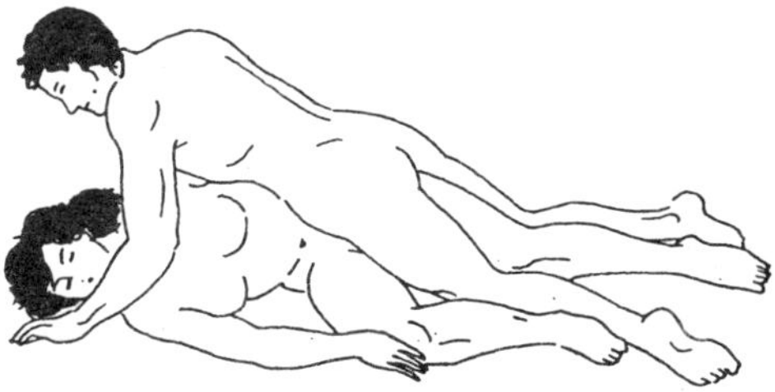

圖 14

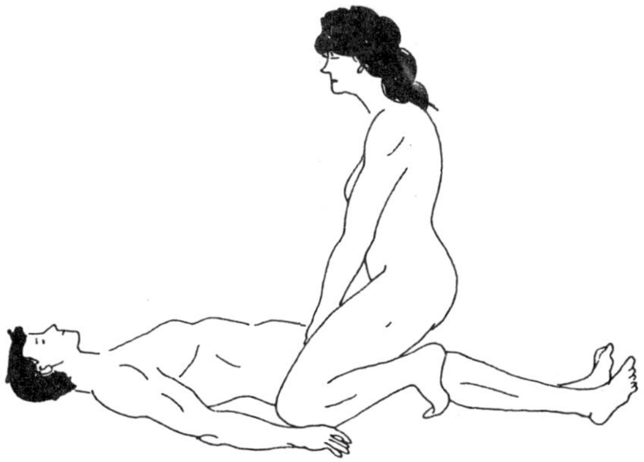

圖 15

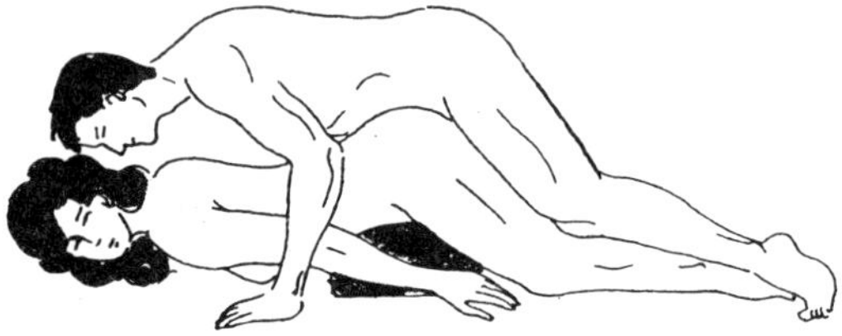

圖 16

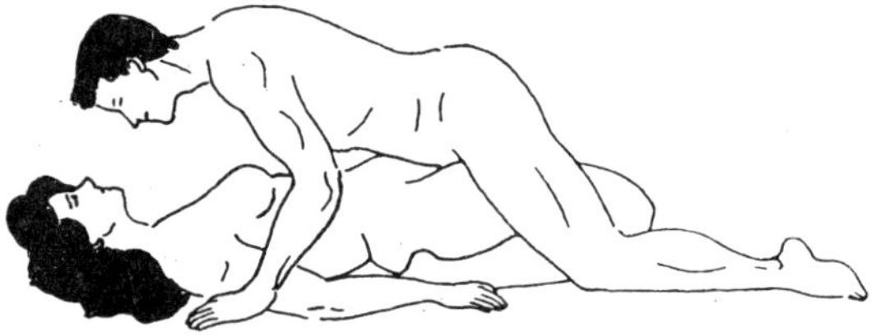

圖 17

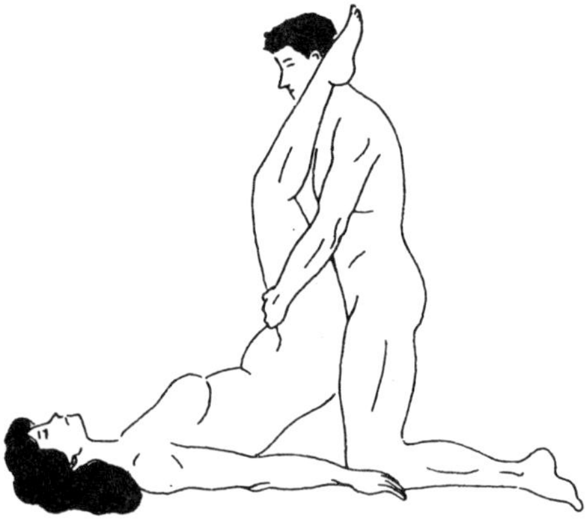

圖 18

•七損之法

一、**絕氣**　絕氣是指性的勃起不能，缺乏生命力，氣力減退的狀態。除了脫力感之外，還伴隨著極度的疲勞。這是因爲房事過度的結果，也是精液浪費過度引起

的。想治療這種毛病，要採取密著度高的體位，同時讓女性採取主動。這種姿勢似乎與九法的猿搏相同，但動作不一樣。（圖18）

二、溢精　一損的絕氣是屬於精神上的，這種是肉體上的症狀。引起這種毛病的原因，據說是多接洩精與爛醉造成的。治療法是採對向位屈曲型，讓玉莖保持淺

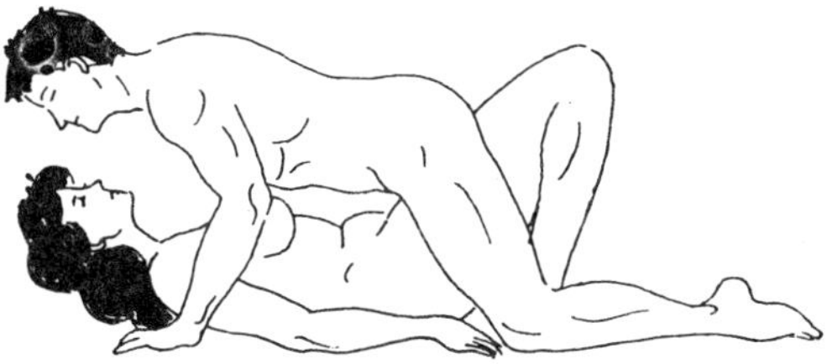

圖 19

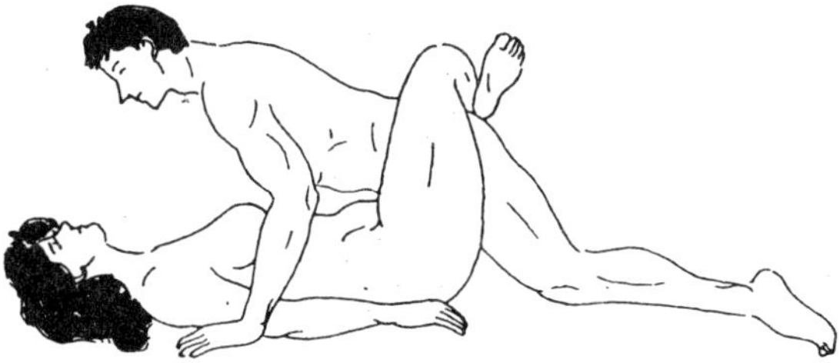

圖 20

圖 21

的插入。（圖19）

三、奪脈　這種奪脈的體位需要特別注意。與對向位屈曲型相同，但它有一種相當特別的型態。治療效果與前二型相同。（圖20）

四、氣泄　四損是指肌肉的勞動引起疲勞，流汗未乾便做愛，導致腹部產生違和感（並不一定是發燒），或者因爲消化器系的不正常，引起口乾舌燥。這種治療是採女上位的背面位，騎乘位。（圖21）

五、機關　厥傷的人，廣義的說，即是慢性內臟疾病。這種人，即使是大、小便，也會消耗相當的能量。此時，如果再做愛的話便會傷肝（並非是現代解剖學的肝，是陰陽五行說的肝），一旦拖延的時間太久，治療後的情況也不太好，不但會增加疲勞，還會併發眼睛疲勞、化膿性疾病、半身不遂、陰痿等。治療法是，不讓女性採取動作，這點和其他的治療法不同。（圖22）

六、百閉　六損是性交過度引起的障礙，換句話說，這是毫無節制的射精造成的結果，此時，會出現乏尿、排尿困難、暈眩、眼睛疲勞等的症狀。治療法是，女上位的對向騎乘位，讓女性採取主動，使達到高潮而促進分泌，男的則依所定的次數來採取女性的氣。（圖23）

七、血竭

七損是四損的氣泄更嚴重的情形，趁高潮時繼續做深度的性交，肌膚會缺乏生氣，陰莖會疼痛、陰囊會濕潤，而且精子稀薄。這種治療法是採取深度的性交，亦即，對向位，伸展位的高腰型，與龍翻的類型相同。不同的是，男的在進入股間的伸展位這點。（圖24）

圖 22

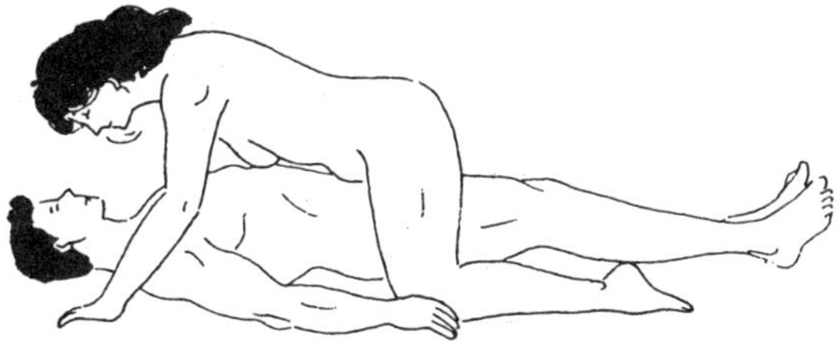

圖 23

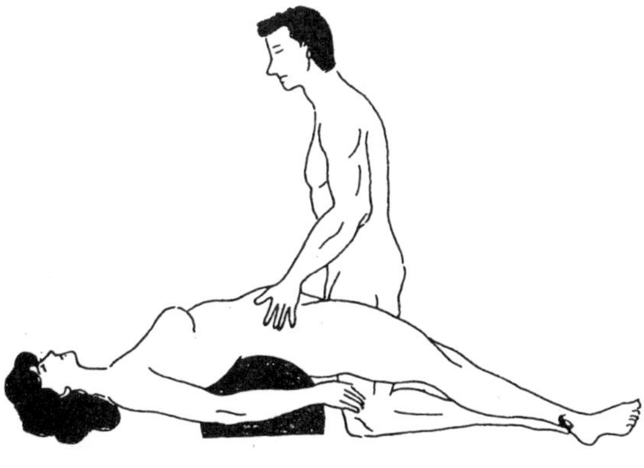

圖 24

※　※

對男性而言，性行爲最快樂是射精，但是，古代中國性典卻認爲不射精的性行爲能強化生命的精氣，使身體輕快，得到長生。

但是，必須要射精才能得到孩子。適度的次數是三十歲男子一天一次，比較柔弱的男子是兩天一次。四十歲強者三天一次，弱者四天一次。

五十歲強者五天一次，弱者十天一次。六十歲強者十天一次，弱者二十天一次。七十歲強者一個月一次，而到這個年紀的弱者最好不要射精。

剃毛、塗香料

維納斯最初是羅馬神話中守護庭園的女神，後來和希臘神話的阿佛洛狄特同樣的被視爲是愛與美的女神。

維納斯在拉丁文的原意是「值得愛的東西」「友好的東西」。

女性的恥丘有「維納斯之丘」之稱，因爲它的確是「值得愛的東西」。

古希臘盛行對維納斯之丘的化粧術。西元前四世紀時，古希臘的盤子繪畫上就可以看到剃除女性的陰毛，進行化粧的圖案。

剃毛、塗油是一般的妝扮。

法國的作家兼詩人皮耶路易斯在他的小說『阿佛洛狄亞』中有以下的描述。

「女奴賈拉跪在女主人面前，爲她剃掉恥丘的恥毛，使女主人變成男人眼中美麗的裸體雕刻。」

例如，希臘所雕刻的維納斯像就完全沒有雕刻陰毛。

在當時的確沒有陰毛或陰毛很少，會給人如處女之美的印象。因此，剃掉陰毛成爲一種流行的趨勢。

關於這一點，沒有陰毛的維納斯像，被視爲是理想女性美表現的理由可能就在於此。

剃掉陰毛進行化粧的習慣，也反應了這一點。

維納斯之丘的化粧在古埃及也盛行。以埃及豔后的打扮最著名。

當時，香料經常使用在每晚都會舉行的宴會焚香及保存木乃伊之用。

埃及豔后也在尼羅河畔建造了香料工廠，大量使用香料來妝點維納斯之丘。

埃及豔后會花許多工夫讓自己的恥丘擁有美麗的波形，同時會使用充滿香味的香料增添豔麗。

另一方面，舞者也會剃掉陰毛、塗上香油，赤身裸體的跳舞。沒有陰毛的維納斯之丘令人產生一種處女的美感，因此吸引著男性。

享受性愛的羅馬節日

西元前的羅馬，每年都有一百多個「菲里亞」。菲里亞指的就是節日，由此可知他們非常喜愛享樂。

節日大部分都在舉行儀式之後，男女利用各種體位享受性的歡樂。據說那是過著隨心所欲性生活的艾特爾里亞人的習俗。

艾特爾里亞人住在古代義大利北部，非常繁榮。不過在西元前三世紀時被羅馬攻擊，國家滅亡。因此，艾特爾里亞人受到羅馬統治，融入羅馬社會中。

但是，原本艾特爾里亞人是快樂主義者，懂得享受生活，對於赤身裸體也毫無羞恥心。在酒宴中會吹笛子、拉小提琴演奏音樂，男女都赤身裸體跳舞，而且隨心所欲享受性愛之樂。

在性這方面男女平等，同樣能夠自由的享受快樂。

看似淫亂放縱，但是，這個習俗在羅馬的節日中也開始進行。

例如，有一種叫做「盧貝卡里亞祭」。是奉獻給羅馬神話中的畜牧神法努斯的節日。這時祭司拿著皮鞭鞭打女子們，假裝是把狼從牧場趕走的儀式。

據說這樣做能使女性的官能慾望發揮作用，想要享受性愛的快樂。性是五穀豐收的象徵，因此鼓勵性行爲。被鞭打的女子能和所愛的男子一起享受性愛。

羅馬神話奉獻給視爲是花、春與收穫女神芙羅拉的「芙羅拉祭」，則是男女喝酒，享受官能之愛。

芙羅拉是妖豔的妓女，是帝政羅馬二世皇帝提貝里斯的愛妾。具有高明的性愛技巧。不過在性行爲中會用指甲抓對方的肩膀或手臂，甚至會用牙齒咬對方。

她去世之後，後人爲她建造了神殿，奉其爲女神，每年舉行盛大的祭典。由於芙羅拉是妓女，所以在祭典時，妓女會免費招待客人。

在「芙羅拉祭」舉行時，數百名妓女會拉著載著巨大陰莖模型的花車到神殿。

將這個巨大陰莖的模型和芙羅拉神體巨大的私處合體，演出壯麗的性戲劇。的確是非常活潑、開明的祭典。

到了年末時會舉行「沙陶納里亞祭」。爲了新的一年播種順利而進行的祭典。這是個充滿快樂的祭典，沒有貴族或平民、奴隸的身份之差，每一個人都能自由的享受性愛之樂。

第2章

以前就有愛的技術！

接吻的起源是來自男人的嫉妒嗎？

接吻的歷史非常悠久，始於原始時代。最初是臉碰臉，然後演變爲鼻子碰鼻子、嘴對嘴。

英國的性科學家哈威洛克．艾里斯認爲，愛情的接吻始於原始的母性親吻，或者是子女吸吮母親的乳房而逐漸發達。

另外一種說法，認爲接吻是一種尊敬或屈服的象徵。古代希伯萊人的接吻是一種招呼或者是恭順之意。古希臘詩人荷馬的『奧迪賽』中，也出現了奧迪賽登陸伊塔卡島親吻豐饒大地的場面。

但是，也有人說接吻的起源是來自男人的嫉妒。

羅馬時代男子出外打獵或是戰爭，會長時間不在家中。男子當然會擔心留在家中的妻子勾引其他男人一起喝酒或是與對方上床。

於是男子們回家以後會親吻妻子，看看有沒有酒的味道。所以，這時的接吻只是考驗妻子的一種行爲而已。

此外，爲了表示恭順之意，還有親吻腳的習慣，據說是始於九世紀法王威藍奇一世。

另外，還有一個「從鼻子碰鼻子開始」的說法。動物經常會用鼻子聞東西，同樣的也會將鼻子靠近對方，嗅對方的體臭來判斷好惡。要是喜歡的對象，就會提高性愛感情。

對於接吻的起源有許多說法，並沒有定論。但接吻的確是一個很流行的行爲。在古希臘克蘭尼學派的人提倡快樂主義，鼓勵接吻，因此非常流行。此外，女同性戀也流行接吻。

古羅馬開發了各種接吻的技術，分爲巴西姆（禮貌的親吻）、歐斯克爾姆（朋友間的親吻）、斯威姆（愛人之間的接吻）三種，巧妙的加以使用。

當然，當時的人也知道接吻具有性的意思，但是，卻非常規矩。例如，女兒在的時候，丈夫不會親吻妻子。

到中世紀時，禮貌的親吻開始普及。進行結婚典禮的聖職者也有要新郎親吻新娘的習慣。而在文藝復興時期，以神爲主的中世文化到以人爲主的近代文化的轉換期，性的解放不斷進行，所以戶外的接吻非常盛行。

從十六世紀到十七世紀，由於接吻過於氾濫，因此，產生了應該把接吻視爲與貞操同樣珍貴的風潮。例如，「單身女子如果被男子奪走初吻，是否可以結婚呢？」「已婚婦女如果與第三者男子接吻，是否可以成爲婚姻破裂的理由呢？」等議論開始出現。

很多人認爲嘴唇的接吻具有重要的意義。英國的性科學家哈威洛克．艾里斯以法國爲例，認爲「年輕女性的唇必須緊守，保留給與自己有婚約的人」。

接吻不只是愛的表現，尤其舌頭進入異性口中或長時間的接吻，會產生性的慾望。基於這個理由，在以前甚至認爲「過度親密的接吻必須判死刑」。

古羅馬的性愛技術

「在性愛時一定要讓女子整體都能夠產生一種快融化的快感。不只是女人，男人也會因此而得到快感。聽到甜美的聲音與歡愉的淚聲，持續發出時根本無法停止動作。甚至也可以說一些猥褻的話語。如果無法感覺快感時，就要假裝好像感覺到似的發出甜美的歡愉之聲。閨房是秘密場所，人生的核心，在床上允許任何的愛戲、痴態。」

這是古羅馬詩人歐威迪斯在『性愛術』一書中所寫的。

他在這本書中教導眾人「要享受開朗快樂的性愛」。不論是結婚後成爲夫妻、單身貴族或是單身女子，都要得到快樂，這就是他教導眾人的目的。尤其是對於女子而言，絕對不要「成爲沒有人知道，無法開花的花蕊」。如果要見男子時，地點最好選擇在宴會或神殿、劇場、競技場等，而且要坐在顯眼的座位上。這也是爲了肉體合一所做的準備。

女人一定要知道該怎麼做才能讓男人感到更快樂，使自己更歡愉。這就是歐威迪斯的想法。羅馬第一代皇帝亞格斯特斯公布「道德與撲滅通姦有關的法律」，遏止了奔放的性快樂。而且他也制定了強制婚姻的法律。六十歲以下的所有男性及五十歲以下的所有女性一定要結婚，否則就要加以處罰。

但是，羅馬的女子們卻反抗這項法令，不願意放棄奢侈的宴會與放縱的性愛歡愉。所以對這些人而言，『性愛術』就像是對於亞格斯特斯嚴厲法律的抗議。其內容立刻流傳到整個羅馬，加以實踐的人很非常多。

儘管亞格斯特斯制定了嚴格的法律，但是，女子還是貪婪享受性愛的生活。連亞格斯特斯的孫女都擁有好幾個戀人，追求性的快樂。由於他對此放任不管，因此也沒有辦法處罰寫『性愛術』一書的歐威迪斯。

『性愛術』一書對體位有具體的描述。序言是「一種體位不見得適合所有的人，所以女人首先要知道適合自己的體位」。

「是不是美女不重要。在床上的時候，個子矮的女子可以坐著，嬌小的女人可以躺著。這樣就能彌補肉體上的不利條件。

臉蛋美麗的女子可以仰躺，背部較美的女子可以側躺或採取俯臥的姿勢，發揮愛的技術。嬌小的女子可以跨坐在男子身上。」

有錢的羅馬人會到郊外享受性的冒險之樂。因火山爆發而被埋沒的龐貝城曾是這些人的歡樂之地而相當繁榮。

被挖掘出來的別墅或住宅的牆壁上，有女子背對男子跨坐在男子身上的圖畫，各種描繪性愛圖的壁畫。就好像是『性愛術』中所教導的事項重現在畫中一樣。

阿拉伯的基本體位是「座位」

阿拉伯的性愛術受到印度文化的影響，非常發達。例如回教的性典『氣味園』，就是受到印度的『卡馬．斯特拉』的影響。

不過性愛術並不是完全相同的，具有阿拉伯獨特的性格。在印度描繪的神殿男女交合圖是站著的行為，但是，在阿拉伯因爲會損傷膝關節、引起腦震盪，因此，不喜歡這種體位。

穆罕默德的『可蘭經』當中也敘述了：「女性是你們的田園，到田園去盡情的耕種吧！」現在被視爲是蔑視女性的說法而遭到責備。但在當時的世界，不管任何地方都是男尊女卑，所以，也沒什麼奇怪的。

阿拉伯女性們如果不喜歡丈夫時可以離家出走，和喜歡的男子同居。具有非常人的自由。

『氣味園』並不認爲性是應該嫌惡的東西，應該是以『美好的愛』爲出發點，並有以下的敘述。

「將男性最大的滿足停留在女性的性器內，將讚美獻給讓女性的快樂與男性的性器結合的神。女性在男性貫穿時，才能產生滿足與幸福感。同樣的男性性器在不被女性性器接受之前，沒有辦法感覺安詳。」

相愛的人如何引出最高的快樂呢？具體的介紹各種體位。「按照各人的喜好可以選擇喜歡的體位，當然合一的前提就是要在女陰內進行。」

但是，阿拉伯的基本體位是「座位」。『氣味園』中以「德克・耶爾・亞爾茲」的名稱加以介紹，雖然有很多人嘗試各種體位，但沒有任何方法比這個方法更受歡迎的。

在此介紹以下的傳說。

妻子是一位美麗、有教養的女性，其丈夫每次都是以普通的方式進行性行爲，並沒有嘗試其他的方法，因此，妻子無法感到歡愉而覺得不滿。

於是丈夫向某位老婆婆述說自己的煩惱。老婆婆說：「你可以做各種嘗試，找出讓女人滿足的方法。」他按照老婆婆的說法去做了。

終於利用「德克・耶爾・亞爾茲」進行性交時，妻子感到非常興奮，並且因爲喜悅而顫抖。當她迎向快樂的顛峰時，丈夫的陰莖感覺好像被女性性器夾緊似的，因此，他知道妻子藉著這個體位得到了最高的快樂。

大部分女性喜歡這個體位的理由，可能是『氣味園』中所描述的「身體緊密接合，口與口互相接觸，腰能夠產生作用」吧！

具體的方法則是「男性張開雙腿坐下，而女性跨坐在其腿上。女性讓陰道接近男性的陰莖，雙腳在男性的背後交叉，引導陰莖進入陰道。雙手抱著男性的脖子，而男性則抱住女性的腰，幫住其上下移動。」

這個座位依身體的方向或腿交纏方式的不同，有十幾種的變化形。總之，在阿拉伯利用這個姿勢，可以一邊喝葡萄酒，一邊聊天，享受一、兩個小時。

古代印度的口唇愛技

有不少人將口交視爲是現代性愛術之一，不過在古代世界各地就已經進行了。

原本希臘人將其稱爲「狗的習慣」，有些教會神父認爲「不能允許這種行爲」，或是將其視爲「性慾的邪道」而加以責難。不過，這的確是很好的刺激性慾、提高性興奮的手段。

口交就是利用「口」與性器接觸所產生的性行爲。在古印度時口交非常盛行，甚至貴婦及後宮的女官們都將其視爲是重要的愛技，熱心學習這個技術。

古代印度的性典『卡馬・斯特拉』列舉女人所進行的八種口唇的性愛技法，並具體加以解說。古印度非常認真的進行口交性愛。

1、「疑似性交」。就是單手握住陰莖，用口唇含住，移動擺盪。

2、「側面咬」。這個方式是用手包住龜頭或用手指按住陰莖根部，用牙齒及唇從側面壓迫接吻。

3、「外面壓迫」。就是用手指壓住陰莖根部，緊閉著口唇推向前端。

4、「內面壓迫」。就是按壓陰莖的根部，將陰莖含在口腔內，用雙唇按壓陰莖。

5、「接吻」。就是用手扶住陰莖，用口唇接吻似的抓住陰莖。

6、「摩擦」。用手壓住陰莖，同時親吻陰莖。用舌尖接觸敲打。

7、「吸吮」。就是將陰莖的一半塞入口腔中吸吮的方法。

8、「吞下」。就是將整個陰莖含在口腔裡，好像要吞下似的進行吸吮壓迫。

當然，這些方法並不是分別進行，而是將數種合併連續進行。

象徵美女的纏足性技

在中國有纏足的習俗。爲了使腳變小，有將其綁起來的習慣。這在性生活中具有非常重要的作用。起源非常古老，可以追溯到十世紀。

當時中國唐朝滅亡之後，五代十國陸續興亡，迎向混亂期。十國之一的南唐末代皇帝的李煜是著名的戀愛詩人。他喜愛的不是政治或戰爭，而是音樂、舞蹈或美女，留下許多的戀愛詩。

有一次李煜爲了美麗的寵妃製作了一個巨大的金黃色蓮花。用絲帶將寵妃的腳綁起來之後，腳尖拱成新月形，並在蓮花上舞蹈。他認爲這個腳的形狀非常美麗，而其他的嬪妃也競相模仿，產生纏足的風俗。

纏足就好像在蓮花上走路一樣，具有奢華之美，因此有「金蓮」等的美稱。之後纏足被視爲是美女的象徵。

具體而言，就是從幼兒開始就用細布包裹腳，腳拇趾翹起來，而其他四趾則朝著腳根的方向彎曲，同時要穿上很小的鞋子，避免腳長大。

長大之後腳也會隨之成長，因此，要用細布緊緊的纏綁住，使足背形成銳腳彎曲，才能塞進小鞋子中。相當的痛苦，這實在是一種殘酷的事情。

纏足也必須使用綁腿。綁腿的尺寸有許多種，材質多爲絲，下方有刺繡。綁腿甚至還可纏到小腿肚，使小腿肚變細。

雖然非常殘酷，但這種流行的纏足，因爲小而尖的腳被視爲是美女的象徵，是非常好的結婚條件。不只如此，女性的小腳被視爲是最大的性魅力，因此，絕對不能夠露出自己的小腳。

因爲女性的小腳是最大的性魅力之處，如果男性打開來看到或接觸到，就是一種性行爲的開始。

此外，纏足能增添閨房之樂。嬌小的腳走起路來很危險，對腰的負擔比較大。因此，陰部的脂肪增多，腰部的力量增強。所以腳越小，性器也越是上品。

終於對於纏足形成一種戀物癖，甚至會親吻纏足，抱在胸前，得到倒錯的快感。而對於纏足的親吻包括「吮」「舔」「握」「擁」等各種技巧。

腳底有性感帶，被視爲是另一個性器。歐洲的女子們，自古以來就會利用豐滿的乳溝進行疑似性交。同樣的將纏足的兩腳底貼合，在其縫隙中插入陰莖，也可刺激官能。

這種纏足的性愛技巧產生許多的方法，可以說是性慾的產物。

纏足化粧也非常發達。在腳上撲香粉，用金銀或牡丹等刺繡裝飾小巧的鞋子，並且使用薰香。

親吻是點燃熱情的愛撫

親吻可以表現出國情。例如，法國的法式接吻就非常有名。

戀人雙方用舌頭深入對方的口腔，吸吮唇和舌頭的熱烈接吻。而且願意的話，可以擁抱好幾個小時，用舌頭舔弄對方的口腔。這種法式接吻與其說是一種愛情的表現，還不如說是一種性交的代償行爲。

在英國反而認爲這種濃蜜的接吻是一種荒淫的態度而加以輕視。英國直到十七末世紀爲止，都是限制接吻的國家。

但是，在性愛當中接吻的確非常重要，這是大家都無法否認的事實。而且每一個人都注意到其密切的關係並加以實行。

尤其是阿拉伯的性愛術，藉著接吻刺激雙方的官能，得到快感，因此，非常重視接吻。

回教的性典『氣味園』中也說道：

「接吻對性愛而言是不可或缺的。最棒的接吻是，用濡濕的唇吸吮對方的唇與舌頭。藉著吸吮舌頭而產生甜美的氣氛。不斷的分泌新鮮唾液，在雙方的口腔內擴散，進入男體中，刺激官能。」

也就是說，接吻能使情慾甦醒，傳達官能喜悅。

接吻是能夠點燃熱情的愛撫。因此，必須要持續到女子發出嘆息聲，甚至出現想要拋棄一切的心情爲止，這樣才能進行性交。

此外，在『氣味園』中描述年輕女子的唾液是對百病有效的愛的贈禮。

因此，不單是嘴唇貼合在一起的親吻，而是要用口腔混合唾液、吸吮唾液，才進行性行爲。

藉著這種親吻能使身心放鬆，保持年輕與健康。

不只阿拉伯會這麼做，在古代的中國與印度也認爲唾液能給予肉體精氣，尤其是年輕女子的唾液，被視爲是不老長壽的秘藥。

藉著接吻混合唾液，吞下唾液被視爲是神聖的行爲。

滿足女性性慾的假陰莖

假陰莖在情趣商店都有販賣。現在是採用電動式，能產生複雜的動作。以前則是用木頭或是皮革、蠟等製造，然後手動操作。

爲什麼要製造假陰莖呢?當然是爲了要得到性的快樂。

例如，性無能的男性可以藉此安慰妻子，女性也可以用來自慰，因此，女同性之間經常使用假陰莖來得到快樂。

一般而言，在女性比男性佔壓倒性多數的社會中，女性無法充分得到性的滿足時，就會使用假陰莖。

假陰莖的歷史悠久，巴比倫時代就已經存在，古埃及、古希臘與古印度都會製造假陰莖，也很喜歡使用。古希臘製造的皮革的人工陰莖稱爲「歐里斯波斯」。古代印度的人工陰莖是用木頭做成陰莖的形狀，然後再貼上皮革。

印度的『卡馬．斯特拉（愛的經典）』是婆羅門神學的性愛教典，成立於西元前六世紀，後來到四世紀時，由宮廷詩人威查亞納重新編輯。

因爲國王有很多妻妾，無法滿足所有的女子，所以女子們只好改扮男裝，然後用球根或果實假扮陰莖，來滿足自己的情慾。

此外，阿拉伯的女子會將假陰莖貼在自己的足踝上，進行自慰行爲。也會進行兩個女子其中一人用弓箭的前端做成假陰莖，然後用弓將其射入另一位女子的陰道內的遊戲。

在亞洲或南太平洋的島嶼、非洲、歐洲也有假陰莖的存在。

昔日在峇里島上曾經看過用蠟做成的假陰莖，稱爲「蠟陰莖」。很多峇里島的女性們藉此享受快樂。

某個地區在雕刻木頭陰莖時會將陰莖貫穿，在裡面倒入具有黏性的樹液取代精液。有些地區則會使用比普通長度兩倍長的木製品，兩端都做成陰莖的形狀，塗上油，同時讓兩名女子使用。

歐洲在十六世紀時，修女們就很喜歡使用這種稱爲「修女的寶石」的假陰莖。法國則是以「無分別的玩具」、德國以「寡婦的安慰品」、英國以「女性之友」等暗語來加以稱呼。

使用地區廣泛，尤其在文藝復興時期非常普及，十六世紀時玻璃製的假陰莖出現了，將溫水倒入其空洞中使用。到了十八世紀產業革命盛行的英國，特別加以改良，以彈性橡膠製造假陰莖。

性慾沒有男女之別，在世界各地都有各種的假陰莖，由此可知，女性想要得到性滿足的慾望也非常強烈。

『卡馬．斯特拉』述說的性愛術

古代印度的性愛書籍『卡馬．斯特拉』，詳細的記載著如何得到性喜悅的技法。

但是，如果兩人的性器無法結合時，該怎麼辦才好。

書中也敘述了彌補這個缺陷的方法。

首先，因爲男性陰莖大小不同，分別「兔」「公牛」「公馬」三種，女性則因陰道深度或寬度，分爲「母鹿」「母馬」「母象」。要知道哪一型與哪一型較吻合，就能夠使雙方得到最高的快樂。

最適合的組合就是「兔」與「母鹿」、「公牛」與「母馬」、「公馬」與「母象」。

但是，就算雙方不是吻合型也不用失望，也有關於這方面的敘述。

例如，如果「母鹿」女子的對象不是「兔」男，就以「開口體位」迎向對方。也就是雙腿張開，將陰道撐開的姿勢。

此外，「母馬」女子的對象如果是「兔」男時，採用「閉攏體位」，也就是「夾腿」的作法。以雙腿併攏的姿勢就可以好好的保持住陰莖。

女性在仰躺男性的身上，夾住男性就可以了。

如果男性將身體上抬時，就能享受如玩翹翹板般的樂趣。

關於提高快樂的姿勢，給予不同的名稱加以介紹，但不必一一嘗試。『卡馬·斯特拉』提醒大家「享受愛的各種方法，不是隨時隨地對任何人都適合的，必須要因時因地表現出適當的姿勢」。

總之，即使形態不適合，只要花點工夫，也能夠到達快樂的顛峰，這就是他一再強調的重點。只要提高性行爲的技巧，就能加強夫妻間的繫絆。基於這種想法，古印度的人不論男女，都會努力追求最高的快樂。

『卡馬．斯特拉』認爲，特別重要的，就是男性不可以藉著射精讓自己得到滿足，也要使女性達到官能的顛峰。因此，非常重視男性長久持續性行爲的能力。也就是說，認爲讓女性藉著高潮得到滿足是男人的義務。而女性的義務是引出男人的力量，培養各種的性愛技巧。

「不論男女，捨棄羞恥心上床，脫光衣服，隨心所欲埋首於官能喜悅中，就能得到舒適的睡眠。」

在『卡馬．斯特拉』中有這樣的敘述。這本書是性愛論，也是性愛的讚美歌。

男女交合的秘訣

古代印度的性愛論書『卡馬．斯特拉』，從各種角度來探討性交。西元前六世紀成立的書籍，到四世紀由宮廷詩人性愛大家的威查亞納加以重新編輯。「卡馬」是梵語，是性愛的意思。「斯特拉」則是入門的意思。

基本上要藉著性交享受肉體所帶來的各種喜悅，需要性愛的訓練。並不是以培養性的技巧爲目的，而是當成教養，豐富性愛知識。

例如結婚之後，男人首先要贏得妻子的心。藉著性愛爲一體是後來的事情。因此，就算結婚也不能一味追求性愛的喜悅，男人一定要睡在妻子的身邊。

而且兩人要一起洗澡。就算覺得難爲情，也能夠藉著仔細觀察對方的裸體，由外觀先瞭解肉體而產生情慾。但還不能進行性行爲，一定要壓抑情慾。要充分瞭解對方的肉體之後，才能進行夫妻交合。

因爲新婚妻子還是處女，可能會有抵抗感。這時建議男人要說些甜言蜜語，或是用唇舌、手指等溫柔的愛撫女性的腰或腿，讓她同意才行。

當她做好了接受性愛的準備時，就會回親或貼近你。如果觸摸她的乳房也不拒絕時，就可以互相摩擦身體。如此一來就能爆發熱情。

「想要使自己性能力豐富的男女，可以觀看獸或鳥的交歡動作，並加以模仿。按照各自的興趣，使性合一的方法倍增。各種合一的方法，能使女性的心充滿愛、友情及尊敬。」

所以『卡馬・斯特拉』也介紹了許多性合一的姿勢。現在在寺院的外牆還雕刻著米特納（愛的伴侶）像。而這些男女交合圖就是『卡馬・斯特拉』描述內容的具體表現。

女性藉著割禮得到的性快感

不僅男性有割禮的風俗，女性也有。這是在女性八歲到十二歲之間割斷其性器的陰蒂或小陰唇。與男性相同，是在中東到非洲等地進行，而其理由卻與男性完全不同。

該地區的女性們由於陰蒂和小陰唇非常發達，對於性刺激非常敏感。但爲了防止女性和其他的男性進行性行爲與淫亂，因此，要進行割禮。去除了陰蒂或小陰唇的女性，會造成性感遲鈍，對性或慾望就會平靜下來。所以，對女性施行割禮完全是男人自私的產物。

具體的方法就是用手拉小陰唇，然後用玻璃破片或小刀等從根部削掉。然後再用冷水冷敷傷口或用牛乳沖洗。

陰蒂則用針線穿過陰蒂，拉線將陰蒂提起，然後用尖銳的利刃割斷。不管是哪種作法，與男人的割禮相比都是非常痛苦的，很多女子因此昏倒。

的確如男性們所想，女子因爲失去陰蒂或小陰唇的敏感部分而使性感降低。但女性還有陰道，所以還有快感。女性會尋求陰道的快感而期待雄偉巨大的陰莖。

這完全是出乎男性的意料之外。但是，能配合這種期待的男性並不多，因此，女性之間開發了能夠夾緊陰莖的性技巧。

關於女性的割禮，在以前曾經施行過將女性性器的陰裂縫合起來的激烈方式。

具體而言，就是縫合陰道的方法。先用小刀削掉陰唇的一部分，然後將兩側傷口貼合，再用大腿蓋著，接著綁緊雙腿。

不久之後，傷口就形成接合狀態。女性陰道被封閉起來了，但當然還留有小孔，還有一些用處。

在這種狀態下，女性無法進行普通的性行爲，就算懷孕也無法生產。但是，如果需要的話，可以再次切開，恢復性機能。

例如，在非洲某個地區，當陰部接合的女子要結婚時，女子會請成爲新郎的男子展示陰莖給她看，然後再用木頭製造出同樣形狀的東西，配合其大小來進行部分的切開手術。

這個接合是男性爲了性享樂而產生的一種風俗習慣。對女人而言當然很痛苦，但是，陰部接合的女子可以證明守住婚前的純潔，這個純潔性及處女性能提高女子的價值。成爲妻子能受到丈夫的喜愛，變成女奴也能以較高的價格賣出。

為何要進行割禮

將男性的陰莖包皮呈環狀切開，的確非常的殘酷，這就是割禮，是自古流傳的風俗。有些地區也會將其當做是宗教禮儀或通過禮儀來施行。

古代猶太人、敘利亞人、埃及人等中東到非洲等廣泛地區都會進行割禮。古代猶太人在出生後的第八天，必須要切掉包皮，露出龜頭。

割禮的歷史非常悠久。英國的艾班斯是受到舒里曼的影響，挖掘克雷塔島克諾索斯宮殿的考古學家。他也是著名的埃及學者。研究木乃伊的結果，發現埃及人的割禮在西元前十六世紀就已經開始了。在三千六百年前就已經開始進行割禮。

當初是爲了清潔而進行割禮。證明就是在有這個風俗習慣的地區，都是屬於高溫多濕的風土。

還有一個說法，就是說割禮是取代一種古代所進行的貢奉人身的做法，而切下一部分的肉體貢奉給神明而開始的。遺憾的是，沒有確切的資料能說明這種說法。然而先前所說的清潔及衛生的理由是可以接受的。

此外還有一個理由，是在性行爲時能使生殖機能順暢的作用。例如，之後會爲各位介紹，瑪麗皇后的丈夫路易十六世因爲真性包莖，所以，七年來都無法進行正常的性行爲。

如果放任過度的包莖不管，會成爲性無能者。爲了防止這種情況，事先割去包皮的確是合理的做法。具體的割禮方法，古代是使用銳利的石刀或是貝殼、竹子等來切除。甚至還有用指甲切除包皮，然後吸吮傷口止血的野蠻方法。

金屬製的剃刀普及之後就開始使用剃刀，用鉗子夾起包皮拉長，用線綁住由龜頭前端露出的包皮之後，迅速割掉多餘的包皮。

賀坦特圍裙是新娘的條件

人類的慾望會無限膨脹，而對於性快樂的需求也是如此。既然有藉著女性的割禮去除陰蒂或小陰唇的習俗，另一方面也有使其努力變大的習俗。

就是有「賀坦特圍裙」之稱的又長又大的小陰唇。

賀坦特是在非洲西南方納米比亞居住克伊族的俗稱。賀坦特的女性的小陰唇長十七公分，幾乎是垂掛下來的狀態。

當然有的女性會藉著手淫，使得小陰唇變長變大的例子。但是，賀坦特女性長而大的小陰唇並不是因爲手淫或是遺傳的特異性，而是以人爲的方式拉長小陰唇，使其肥大。

賀坦特的女性認爲長而大的小陰唇是女性美的象徵。事實上，沒有這個東西就會不受男人歡迎，而且認爲小陰唇要長到垂掛下來的程度才算是美女。

因此，如果維持小陰唇自然成長，就無法結婚。

所以，從小就有牛長的女性們教導方法，年輕女性們努力使小陰唇變長變大。這種含淚的努力顯示出異文化的價值觀。

但是，有的卻長到二十三公分，的確令人驚訝。

不過，的確令人感到懷疑，長而大的小陰唇對於家事等是否會造成阻礙。不過她們爲了害怕因爲家事活動而損傷了小陰唇，會將小陰唇收在自己的陰道中。這的確是很好的生活智慧。

不光賀坦特有讓小陰唇肥大的習俗，在過去熱帶地方都曾出現。

例如，南太平洋的波納培島會藉著失去性能力的老人之手，去拉少女們的小陰唇。他們從少女小時候開始就這麼做，拉好幾年之後就完成了所謂的女性美。

此外，還有要讓陰蒂變大的女性。根據陰蒂的記錄，最小的爲二毫米，最大的有五公分，甚至超過十公分。但是，這個大小卻不會對性行爲造成影響。

不過，昔日因爲巨石人像而著名的伊斯塔島，就喜歡大陰蒂，因此，女子們會不斷的下工夫，努力使陰蒂變大。爲了使小陰唇與陰蒂變大，有些地方的少女甚至有把黑螞蟻放入陰道中的風俗習慣。放入黑螞蟻會使陰蒂變大的原因我不得而知，但或許這也是爲了追求性享樂的結果。

第3章

謳歌性歡愉的人

最偉大的乳房

不管在哪一個時代，男人都非常關心女人的乳房。不光是大小或形狀的喜好，女性乳房被視爲是女性美的象徵，這種想法一直傳承到現在。

乳房不見得越大越好，例如，古羅馬就喜歡小乳房。十六世紀的法國也不喜歡大乳房。法國到十七世紀中葉時，大乳房開始受人歡迎，成爲一種流行。

既然是流行，當然就有女子追求流行。古羅馬時代小乳房比較討喜，因此，年輕女子爲了避免乳房發達，會使用皮帶狀的乳房帶緊緊綁住乳房。

相反的，古希臘則是豐滿乳房受人歡迎。女性爲了使乳房發達，維持彈性和圓潤度，會用帶子捧起乳房。這個想法和現代的胸罩一樣。

近年來上空成爲新的風俗，並成爲話題。但事實上在古代就已經流行。十六世紀末的法國宮廷將其視爲是理所當然的行爲。

世界各地都有裝飾乳房的風俗習慣。例如，原始民族會在乳房上留下色彩豔麗的刺青，或是幫乳房上妝。西元前一世紀的埃及豔后也會用環來裝飾乳房。

這種裝飾乳房的習慣一直傳承到後來。十九世紀時在乳房根部穿孔，再鑲上用寶石或金裝飾的環。

此外，還有將兩個乳頭用細鍊串連起來裝飾的女子。

總之，裝飾乳房就是爲了吸引男性的注意。男性藉著女性的乳房而得到性的刺激，女性非常瞭解這一點。不僅如此，擁有豐滿乳房的女性還製造出模仿美麗乳房的酒杯，向男性展現自己的驕傲。

埃及豔后被視爲是世界第一的美女，她的乳房之美也非常著名。她的戀人古羅馬政治家安東尼，聽說曾經模擬埃及豔后的乳房，用黃金打造成酒杯。

根據記錄顯示，十八世紀的法國王妃瑪麗皇后，擁有一〇九公分的乳房、五十八公分的腰圍，而覺得自豪。

她將石膏鋪在自己美麗的乳房上，製造成白金製的水果盤。

表現美麗的乳房或是將模擬美麗的乳房製造成酒杯，絕對不是一種淫亂的做法。是率真的人性表現及讚美女性的風俗。

脫光衣服鍛鍊肉體的斯巴達女性

斯巴達人的性愛不光是爲了追求快樂，而是爲了生下有力氣的男孩而進行的。因此，適婚男女一定要重視體力與健康。

斯巴達是西元前九～八世紀在希臘的伯羅奔尼撒半島繁榮的都市國家。從小時候開始就要嚴格加以鍛鍊，稱爲斯巴達教育，這就是來自於斯巴達尚武的教育法。

在斯巴達鍛鍊身心的方法，從孩提時代開始就要脫光衣服出去玩或做運動。女子也不例外。其他都市國家都會將女子關在家中，不隨便出現在人前。

但在斯巴達，女子可以出現在衆人面前，赤身裸體的參加跳舞或行列。女子脫光衣服是爲了創造偉大的母體，而其他的年輕男子如果被這些肉體所迷惑，就會想要將女子娶回來做新娘。

斯巴達人嚴格的鍛鍊身心，所以雖然人口稀少，卻依然能保持優勢，凌駕於其他的都市國家之上。這一點也反應在婚姻上。在斯巴達結婚，是指男人「抓住女人」

或是「把她變成我的人」。

因此，男子一定要以暴力奪取女性。但前提是，需要女方家長答應讓女兒嫁給他。不過，女孩對男子的暴力絕不能輕易屈服，要盡量抵抗男子的暴力，最後則不得不屈服在力量較強的男性手中。

男子奪取女子，進行性行爲時，越是長時間激烈抵抗的女子，越能得到男子的尊敬。能夠長時間激烈的抵抗，就證明她是能夠生下健壯男孩的母體。

夫妻兩人都認爲妻子的懷孕能力很高、兩人結婚對國家有幫助，就能感到勝利的喜悅。而且確認妻子肉體的優秀，甚至會提供妻子給兄弟或朋友，進行性行爲。

妻子共有的形式看似一種雜交，但是卻能公然進行，反而認爲嫉妒是一種可恥的行爲。

其目的就是爲了得到健壯的小孩。斯巴達人能充分享受性愛之樂。不過，如果想要和其他年輕的少女結婚，而要和妻子離婚，是絕對不允許的。

可是有時也會想和其他的女性進行性行爲，這時可拜託兄弟或朋友，和他們的妻子進行性行爲。當然這時也要利用生殖的名義。

在眾人許可的情況下進行性行爲非常開放，男女全裸，而且不會感到羞恥。因爲先前也敘述過，從小時候開始就脫光衣服遊戲運動，習慣了全裸，而且他們也認爲進行性行爲，是爲了生下優秀的斯巴達人。

在後宮非常盛行的女同性戀

後宮是指皇帝或國王住所後方的宮殿，只是后、妃或女官等女子居住的地方。也就是所謂的「女人國」。

後宮這個字眼在阿拉伯是指「禁止」的意思，後來變成「女子的起居室」。因此，不光只有王侯貴族有後宮，像土耳其是一夫多妻制，有錢的男子有很多的後宮佳麗，讓許多女人住在一起。不過，沒有錢的男子們的寢室就是後宮。

中世紀阿拉伯的後宮非常豪華奢侈，這就是仿效古代波斯的宮廷習俗而來的。阿帕斯王朝是八世紀到十三世紀在伊拉克非常繁榮的王朝，當時後宮非常豪華奢侈，並進行東西貿易，擁有繁盛的回教文化。

教主在後宮擁有許多女人。例如，五代教主哈倫·亞爾·拉西德有四百人，而據說最荒淫的十八代教主亞爾·牡克塔迪爾擁有三千四百名女人。

有些女子是鄰近諸國的貢品，被強奪而獻給王朝。有些是從市場買來的女子，有各種不同的人種。甚至有些是國王或皇帝的女兒。

教主會依女子的容貌、年齡、性愛術的巧拙等分爲三階級，屬於最高階級的女子僅有數人，只有她們生的孩子才可以成爲皇室子孫。而階級較低的女子年輕有魅力，能夠得到教主的寵愛，就能夠升級。

因此，每位女子都等待機會，希望被教主召喚，接受教主的寵愛。每天都會藉著泡澡滋潤肌膚、做美容體操，同時訓練自己的性愛術。

但是女人太多，而男人就只有一個，實在很少有進行性行爲的機會。她們之間就會產生嫉妒之心，引起爭執。幾乎所有的女人都必須過著孤獨的生活。

有的人爲了排遣寂寞，因此，會變成女同性戀。後宮流行女同性戀，據說這樣也可以磨練性愛的技術。

『一千零一夜』中描述了後宮的情況，而且也談及流行女同性戀。處女奴隸很多，看對眼的女子會互相摩擦陰蒂，得到快樂，或者是在陰道塗抹番紅花，互相摩擦直到達到高潮爲止。

這些巧妙摩擦陰蒂引出快樂的女子稱爲「姆沙西卡」。她們會挑選年輕的處女，熱衷於女同性戀。

姆沙西卡擁有非常發達的陰蒂，甚至能像男性陰莖一般勃起，能夠給予女性刺激，得到快樂。

此外，會使用假陰莖或手淫、口淫等各種技巧，不斷的享樂，直到達到高潮爲止。此外，還有在箭的前端安裝假陰莖，用弓將假陰莖射入女性陰道內的遊戲流傳下來。

雖然這種女同性戀在後宮是被公認的，但回教徒不允許淫亂，會進行割禮。雖然切除了陰蒂，可是女同性戀的趨勢並沒有消失。

埃及豔后是口交的名人

口交在古印度非常盛行，古埃及也是如此。

這類的專家都被稱爲「口交名人」，大部分都是女性。像埃及豔后是以美貌著稱的埃及女王，但是，她也是「古代最有名的口交名人」。

雖然有一句名言說：「如果埃及豔后的鼻子稍微低一點，則整個世界的歷史就會因此而改變。」但埃及豔后的鼻子高低或是否是美女，我們無法得知。

事實上，她可能不是引人注目的美女吧！但爲何她能改變世界的歷史呢？因爲她是口交的名人。

當時埃及在羅馬的統治之下，埃及豔后的願望就是能夠保護埃及免於羅馬的威脅。當然如果能夠打倒羅馬，讓埃及君臨天下就更好了。

她爲此接待羅馬的貴族們，爲他們進行服務。這個服務就是口交。

一個晚上要爲一百名羅馬貴族進行口交，甚至有時達到千人，因此，大家都稱她爲「開大口」或「擁有一萬人之口的女子」「厚唇女」。

先前也說過，我們並不知道埃及豔后的長相，不過也許可以想像她的嘴。既然她有如此的稱呼，應該是嘴巴很大的女人吧！

此外，「開大口」也有兩個意義。第一就是她的陰道，另外，就是指她經常張開嘴巴，含著男人的陰莖。因此，有這樣的稱呼。由此可知，埃及豔后的確是口交的名人。

哲學家帕斯卡說「也許不該說如果埃及豔后的鼻子再塌一點」，應該說「如果埃及豔后的嘴巴再小一點」。

總之，埃及豔后的確是迷住了凱撒，又和安東尼結婚，成爲女王君臨天下。但是安東尼在亞德尼姆海戰中失敗之後，被從後追趕上的毒蛇咬住她的乳頭而死去。

據說，她的屍體是將公牛的陰莖嵌入她的陰道中封印後埋葬的。

卡特莉兒王妃驕傲的私處

卡特莉兒王妃是在一五七二年聖巴爾提爾米祭之夜，獵殺了兩萬到十萬名巴黎新教徒的主謀者，因此，被稱爲壞女人。而她的性生活也非比尋常。

卡特莉兒十四歲時嫁入法國王室，對方是安利二世。

老實說她並不能算是美，有點肥胖，鼻子又大，個性內向，充滿了嫉妒和屈辱的情緒，一旦爆發時就很難預測了。

她經常驕傲的稱讚自己的性器說：「我的私處是用紅、白、黑三種美麗的顏色裝飾的。那裡的唇如珊瑚般鮮紅、陰毛如黑檀般黝黑，而皮膚則好像雪花石膏般雪白」。

但是，安利卻喜歡比他大十八歲、美貌的迪亞爾，根本對卡特莉兒不屑一顧。安利每天晚上都會到迪亞爾的房間，兩人的關係持續了二十三年。

安利只有在迪亞爾鼓勵他要趕快擁有繼承人時，才會和妻子卡特莉兒發生性關係，平常則讓她綁上貞操帶，安利則收起鑰匙。唯有這麼做，他才能確信王妃卡特莉兒所生下的孩子的確是王儲。

但卡特莉兒卻從故鄉請了鎖匠，隨時都能為她打開貞操帶，享受性愛之樂。

作家安德烈・莫羅瓦曾寫道：「文藝復興時期的男女擁有動物般的激情，理性絕對無法限制肉體的行為。」而卡特莉兒也是如此。

卡特莉兒認為安利與迪亞爾的事情對她而言是一種屈辱，而且她對迪亞爾有孩子，但自己卻無法生孩子一事也無法忍耐。因此，請了占星術的權威諾斯特拉達姆斯，以及歐洲各地的魔術師和鍊金術師為她調配能生出孩子的秘藥。

例如，在縫在皮帶上的袋子中裝著青蛙屍體或豬的生殖器，並隨身攜帶。每個月一次要喝驢子的尿，吃墮胎後的胎兒肉。在不同的建議之下進行了各種嘗試，但卻都無效。

終於在一五四四年生下第一個孩子，那已經是結婚十年後的事情了。後來卡特莉兒在十四年內生下六個孩子，而且都是和安利發生性行爲產生的。

但是，年輕的卡特莉兒卻不因此而滿足。卡特莉兒爲了消除性的不滿，因而傾向同性戀。根據作家布蘭特姆的說法，卡特莉兒會送香水給法國的女同性戀者。

以往法國宮廷女子們的服裝並不會非常華麗，但是，當卡特莉兒嫁入法國王室時，也帶來了義大利的模範，掀起了服裝革命。使用絲質或是蕾絲來裝扮衣服，或是利用紅或白粉化妝，塗抹香水等。

到了一五六〇年，她的丈夫安利二世在一場槍賽中被槍撞到頭而死亡，卡特莉兒趕緊趕走迪亞爾，成爲太后，掌握大權，君臨魯威爾宮殿。

卡特莉兒將侍女八十人增加爲兩百人。侍女只是一個名義，事實上是具有特殊任務的禁衛軍。

全都是由身份高貴的貴族中挑選的美女。她們穿著卡特莉兒設計的制服。上衣完全貼著身體，在胸部有深的V字領剪裁，露出乳房。在乳頭上進行淡妝。

裙子很長，但是，在腰部以下的兩側都開高叉。因爲她們沒有穿內褲，所以，走路時從腰到腿都一覽無遺。

受邀到魯威爾宮殿的男性貴族們看到美女在眼前走動，當然會心慌意亂。而她們也不只是裝飾品，會接近對國家而言可疑的危險男子，和他們上床竊取政治上的機密，這就是她們的特殊任務。

搔癢腳底的女子們

在古希臘或羅馬，引起性興奮的前戲就是搔癢腳底。多花點時間搔癢腳底，就能增加女性的快感，達到與性交同樣的效果。因此，女子們很喜歡別人爲她們搔癢腳底。

十八世紀俄羅斯女王安娜·伊凡諾納有很多專屬的「搔癢女」。她是彼德大帝同父異母哥哥伊凡的次女，極盡奢華之能事，性慾也很強。

維也納性問題研究所出版的由貝倫哈爾特·舒特倫所著的『俄羅斯公共風俗史』，有如下的記載：

「宮廷中有許多的搔癢女，多到可以變成一個部隊。她們的任務是搔癢女主人的腳底，並煽動其情慾。安娜．伊凡諾納女王將這個職務升格為宮廷的公職。」

一般人也會搔癢腳底，但是，安娜女王卻極愛此道，甚至給予搔癢女宮廷的公職。

搔癢腳底能自然提高快感，使私處充分滋潤。男子不需要進行前戲等努力，就能直接插入而得到滿足。對於男子和女子而言都是很好的「前奏曲」。

當然不光是安娜女王，同樣在『俄羅斯的公共風俗史』中也記載女王死後，她的女兒安娜．雷波爾納德也愛好此道。

「安娜．雷波納德讓六名搔癢女在寢室的休息室待命，這些女官競相搔癢她的腳底，提高她的快感，甚至會說淫蕩的話或唱猥褻的歌。」

競相比較搔癢的技巧，的確是非常滑稽的光景，但是，她們都非常的認真。甚至有的女子會因為搔癢不得法而被趕走。

這就是俄羅斯中世紀宮廷的夜晚實態。

喜愛鞭打的喬治四世

英國國王喬治四世是一個無與倫比的浪蕩子。而父親喬治三世也是一個好色之人。喬治四世的浪蕩應該是遺傳的。

他在十六、七歲時就已經對母親的女官出手，甚至追求比他大六歲、妹妹的家庭老師梅雅麗・哈米爾頓。

也花了一大筆錢讓比他年長四歲的女演員梅麗・魯賓遜可以演出莎士比亞的歷史劇，成爲受人歡迎、具有魅力的女演員。雖然這個女子在十六歲時已經結婚，但是喬治四世卻爲他買下高級住宅及寶石。

此外，他也和許多的貴族夫人、女演員、歌手、宮廷女官、妓女等有肉體關係，不勝枚舉。

他在二十三歲時與比他大六歲的寡婦菲滋哈巴特結婚。因爲她十分具有魅力，因此，喬治四世立刻就爲她點燃了熱情。但她是天主教徒，所以，兩人的婚姻並沒有得到認同，可是兩人還是過著如夫妻般的生活。

另一方面，他也和賈治伯爵夫人夫蘭賽斯・威廉保持肉體關係。

可是一旦到手之後，他就會追求新的女性。三十三歲時他和菲滋哈巴特離婚，然後又和布倫斯威克公爵的女兒卡洛琳結婚。

但是，他卻表現出奇特的一面。當卡洛琳到達倫敦的當天晚上，在親吻她時，發覺卡洛琳身上彌漫著一股異樣的體臭，於是他趕緊跑進酒吧狂飲白蘭地。

因爲喝了太多的白蘭地，因此，三天後的結婚典禮進行得亂七八糟。聽說後來他如果不喝白蘭地，就無法和卡洛琳進行性行爲。

但卡洛琳把自己打扮得很漂亮，是一位極具魅力的女子，當然也擁有愛人。

兩人貌合神離，生下長女夏洛特之後，終於分居了。

而他又開始和賈治伯爵夫人同居。正式和王妃分居，與愛人同居，引起世人的反感。後來甚至又回到菲滋哈巴特夫人的懷抱中。

他的浪蕩行爲還不僅如此而已。

當時的倫敦被視爲是世界上最淫亂的都市，有錢人可以在此追求官能的刺激。光是妓女戶就有一千五百家。

最受人歡迎的行爲就是「鞭打」。在進行秘密鞭打的地方，湧入了許多追求痛苦快樂的男子。最初由從業人員揹著露出下半身的客人，並由其他女人用鞭子或棒子打客人的臀部。

後來爲了提高服務效率，又想出了稱爲「馬」的道具。把客人綁在上面，使其無法抵抗，立刻進行有效的鞭打。喬治四世也是這個鞭打之家的常客。

艾卡提莉娜女王的男性關係

十八世紀後半期的俄羅斯女王艾卡提莉娜二世，擁有許多的寵臣與男妾，過著一妻多夫制的淫亂生活。

她是德國貴族之女，十五歲時被俄國皇太子迎娶，成爲太子妃。很多人認爲她會過著幸福快樂的生活，但是，她的丈夫彼德皇太子卻只喜歡用玩具玩軍隊打仗遊戲，是個智能不足的人，因此，她每天都非常悲傷。

同時彼德皇太子性無能，雖然娶了艾卡提莉娜爲妻，卻完全不敢去碰觸她的肉體。結婚八年以來她都是處女。

她到二十五歲時遇見一位年輕貴族賽凱，他知道如何使女人喜悅，使得艾卡提莉娜長時間壓抑的性慾全都爆發出來。

賽凱完全滿足艾卡提莉娜的要求，但令人擔心的是艾卡提莉娜懷孕了。彼德性無能，懷孕的話一定會被懷疑，因此，賽凱說服了彼德接受性器手術。

艾卡提莉娜終於和彼德發生了性關係，但是，卻無法斷絕和賽凱的關係。不久之後，艾卡提莉娜生下一名男孩，那是賽凱的孩子。

另一方面，動手術後恢復男性機能的彼德，也有了愛人，開始過著花天酒地的生活。但是，無法長久持續下去，後來彼德因爲政變而被推翻了。

當時的世界英雄是普魯士的菲利德里希大王，彼德非常崇拜這位大王。雖然和普魯士的作戰勝利，可是他卻說因爲戰敗國有菲利德里希大王，所以和普魯士締結了對普魯士有利的和談條約。

感到不滿的軍隊發動政變，擁護艾卡提莉娜爲女王。彼德被關在牢裡，在一週後死去。那是一七六二年的事情。到底是因病還是被暗殺而死，死因成謎。

艾卡提莉娜當時三十三歲，聰明又具有領導能力，發揮了女王的力量，完成俄羅斯統一。另一方面，她表面上是單身女郎，卻陸續更換伴侶，過著奔放的生活。

最初的愛人是叛亂的核心、禁衛軍的青年將校歐洛夫，和他的關係持續長達十年以上。

時間最久的是俊男秀才波修姆金。波修姆金的房間就在艾卡提莉娜寢室的正下方，有秘密階梯互通。因此，波修姆金可以直接穿著睡衣到艾卡提莉娜的寢室，接受她的寵愛。兩人的關係長達十七年。

此外，還有年紀可以當她孫子的茲波夫等人。艾卡提莉娜的愛人數目最少有二十一人，有一說是八十二人。而他的孫子尼可拉一世對於是自己祖母的艾卡提莉娜二世的稱呼是「戴著王冠的妓女」。由此可知她的性慾有多強了。

即使已經五十歲了，但還是想要寵臣，因此，命令波修姆金為她找尋俊男。找到之後由醫師為他檢查身體，然後讓侍女去試這名俊男的肉體，才能成為女王的情人。

艾卡提莉娜持續追求愛慾，但並不是完全沉溺於其中。她喜愛收集美術品，也會創作童話或戲曲等，擁有多方面的才能。

波修姆金在一七九一年於土耳其戰爭中陣亡，艾卡提莉娜悲傷過度而昏倒。由此可知她是真的愛波修姆金。

艾卡提莉娜在一七九六年，因爲腦溢血而結束了六十七歲的生涯。

拿破崙和約瑟芬的相合性

拿破崙和王妃約瑟芬認識時，她三十二歲，比拿破崙年長六歲。她並不算是歐洲的美女，黑色的頭髮、小麥色的肌膚，就好像是東方的美人。而且擁有官能的魅力，因此拿破崙立刻就看上她了。

拿破崙在臨死之前還說「法國、軍隊、約瑟芬」。即使是過著放蕩生活的約瑟芬，對於拿破崙來說仍是無法忘懷的可愛女子。

約瑟芬在一七六三年出生於西印度群島的馬爾奇尼克島，是農園主人的女兒。十六歲時和巴黎殖民地長官波亞爾尼子爵結婚，產下二子。但丈夫波亞爾尼在法國革命時被捕處死。

後來約瑟芬陸續成爲許多貴族的愛人。在遇到拿破崙時，她是政界大人物巴拉斯的愛人。但是，巴拉斯已經厭倦了和約瑟芬的性行爲，想要把她推給別人。

一七九五年發生王黨派的暴動。巴黎司令官巴拉斯起用拿破崙進行鎮壓。拿破崙得到政府的信賴，最後甚至獲得了權力寶座。

就在這一年，拿破崙遇到了約瑟芬，立刻向她求婚。但是，約瑟芬卻不心動，並沒有立刻答應他。而拿破崙並不放棄。在巴拉斯的建議之下，約瑟芬終於和他結婚了。

新婚第三天，拿破崙成爲最高司令官，被派駐到義大利去。拿破崙非常捨不得約瑟芬，寫了好幾封信給她。信的內容是「離開你，再也感覺不到快樂。離開你，這個世界就是沙漠」。

而且在信紙的最後一定會寫著一句話「希望妳趕緊到義大利來」。但是，當時約瑟芬已經有了一個二十三歲的戀人伊波里特．夏爾。他是陸軍中尉，不但外表英俊，談吐風趣，還很會跳舞，因此，約瑟芬根本不想到義大利去。

約瑟芬一直不到義大利，所以拿破崙很生氣，寫信對巴拉斯說：「很明顯的我的妻子有了情人……我憎恨女人。」

約瑟芬在巴拉斯的說服之下，不得不趕往義大利，但是，戀人伊波里特也轉調到義大利，兩人同乘一輛馬車，在飯店裡也是住相鄰的房間。

這個傳說會讓人認爲拿破崙很熱情，只愛約瑟芬一個人，但事實上不是如此。有了權力之後，就會有許多女人想要親近拿破崙。像宮廷女子、別人的妻子、寡婦、妓女、女演員等，各種女人都會到他的寢室去。寵妾包括了卡洛妮、瑪麗亞、瓦雷斯卡、波里努等人，不勝枚舉。

但拿破崙只要滿足性慾即可，並不要求什麼技巧。只要看中意的女人，就算不懂得性的技巧也無所謂。

一八〇九年拿破崙以約瑟芬無法生孩子的理由和她離婚，但是，還是立她爲皇后。

拿破崙正式迎娶的第二個皇妃是奧地利皇帝法蘭茲一世的女兒瑪麗·路易茲。雖然不是非常美麗的女子，但因爲只有十八歲。拿破崙在結婚前一天去迎接她，強占了她的處女之身。

拿破崙認爲「要結婚還是得娶德國女人，她們是世界上最棒的妻子，溫柔善良，如玫瑰般新鮮」。

拿破崙在臨死之前是否真的呼喚約瑟芬的名字我們不得而知。但是拿破崙死後一週，約瑟芬也罹患肺炎死去。她最後一句話是叫著「拿破崙」，才嚥下最後一口氣。雖然和各種對象都有肉體關係，可是還是兩人的相合性最好吧！

亞貝拉爾與艾洛茲的愛慾

法國的神學家與哲學家的亞貝拉爾，與修女艾洛茲之間的愛情，在中世紀歐洲掀起軒然大波。

從艾洛茲寫給亞貝拉爾的信中可以窺見他們之間的愛。

「我們所嘗到的那種快樂太過於甜美，令人難以忘懷。即使在睡覺時，我還是會想起當時的姿態。做彌撒的時候，快樂淫蕩的印象一直抓著我的靈魂不放，使我忘了祈禱，感覺非常難爲情。」

告白自己徜徉於快樂的波濤之間，陶醉於淫蕩妄想的情形。

亞貝拉爾原本並不是一個淫亂的人。父親是莊園領主，是諾特爾達姆大殿堂的參事會員。他受到父親的影響，努力求學，年輕時就成爲巴黎學院的倫理學教授。

極度禁慾，埋首於學問當中。

艾洛茲出生於西元一一〇〇年左右，生平不詳。後來投靠在巴黎的伯父菲爾貝爾神父。伯父想要讓頭腦聰明又美麗的艾洛茲好好學習，因此，讓她成爲亞貝拉爾的弟子。

亞貝拉爾當時三十九歲，持續著禁慾生活。遇到十七歲美麗的艾洛茲，終於打破了禁慾的防線。

亞貝拉爾希望隨時待在艾洛茲的身邊，後來，亞貝拉爾就寄宿在菲爾貝爾神父家，每天督促艾洛茲用功。

由於亞貝拉爾有禁慾的準備，當然不會有任何傳聞出現，伯父也感到很安心。但是，被艾洛茲魅力俘虜的亞貝拉爾，在兩人獨處時並沒有打開書用功，而是愛撫她的胸，沉溺在愛慾的世界中。

而艾洛茲也深受亞貝拉爾流暢的辯才和博學多聞的魅力吸引，兩人立刻墜入戀情中。

最後艾洛茲懷孕了，亞貝拉爾趕緊帶她離家出走，躲在布列塔尼的姊姊家，偷偷的生產。雖然亞貝拉爾想要正式與她結婚，但是艾洛茲卻加以拒絕。因爲神學者一定要單身才值得信賴，一旦結婚之後，亞貝拉爾在教會的地位就岌岌可危了。

後來兩人還是偷偷結婚，過著恩愛的日子。但在世人的眼光看來，這的確是一件淫蕩的事情。

伯父菲爾貝爾知道這件事情之後，非常生氣，認爲這是一種恥辱。因此，絕不承認兩人的婚姻，並且處罰了艾洛茲，但是，兩人的愛情並沒有冷卻。

而從伯父那兒知道他們兩人結婚的人，都批評這是一種「宗教的墮落」。

伯父菲爾貝爾想出一個惡毒的點子。有一天晚上，收買了亞貝拉爾的隨從，切下熟睡中亞貝拉爾的陰莖。

這個傳聞立刻傳遍整個巴黎，亞貝拉爾的學者名聲終於不保，也不能成爲真正的男人，不得已只好逃入修道院。

艾洛茲也成爲修女，活在過去愛慾的回憶中。

兩人的關係僅僅持續三年，但愛慾卻相當濃厚。

此外，艾洛茲在寫給亞貝拉爾的情書中曾說：

「妻子這個名稱對別人而言是一種値得尊敬、健全的名稱，但對我而言，被稱爲愛人可能更爲甜美吧！但請你不要生氣，我希望被稱爲你的情婦或你的娼妓。」

腳和襪子的特別意義

以前女性性器被稱爲「足」，所以絕對不能在別人的前露出足（腳）或大腿。

中世紀歐洲的娼妓被稱爲「自由女」，沒有什麼可恥的，但是，在服裝方面則和貴族的妻子有嚴格的區分。

娼妓絕對不能穿著貼身的普通服裝，禁止使用鮮豔的色彩，幾乎都是蔴製及蓋住足踝的長袍。

因爲腳被視爲是不道德的部位，讓人看到腳，就會令人聯想到女人在性行爲時的姿態，因此不能讓別人看到腳。

另外一個理由就是名稱。英文中女性稱爲「female」，語源是來自拉丁文的「femina」。當然是「女人」的意思，但卻是出自「腿」（femur）這個字。

換言之，femina所指的「有腿的人」，也就是「女人」，而「腿」則是生殖或性器的象徵。古猶太人則將性器稱爲「足」。

女人不能在人前露出腳來，就是因爲這個原因。腳是性器的延伸，是可恥的東西。

因此，襪子具有特別的意義。不能被人看到的神秘之腳，穿著華麗的襪子，就是一種官能的象徵。

襪子的流行始於十六世紀佛羅倫斯的宮廷，所有的女子開始穿襪子。

十八世紀，編織的手工機械製造的襪子廣爲流傳。十八世紀愛用襪子的是巴黎宮廷及其周邊的女子。使用絲線或刺繡等比較豪華的襪子，價格也比較貴，一般市民是買不到的。

襪子上市之後，當然固定襪子的東西也出現了。最初是用鈕釦固定帶，後來是用金線刺繡或是鑲上寶石來裝飾。

但是，就算是在襪子或裝飾襪子的東西上花錢，打扮非常時髦，不過，穿著遮住腳的裙子根本無法看到襪子，因此，女子們會故意把鞋帶綁得很鬆，一不小心鞋帶掉了，她們就會在男人面前掀起裙襬，請男人幫她們綁鞋帶，或者是把襪子往上拉，重新調整固定襪子的東西。

當時貴婦認爲穿內褲是鄉下女人的作風，非常不屑，因而不穿內褲，穿著好幾層能完全蓋住腳的長裙。

因此，當掀起裙襬的時候，下半身是完全裸露的。但是，請男性爲自己綁鞋帶或重新調整固定襪子的東西，也就好像將沒有穿內褲的赤裸下半身完全展示給對方看一樣。

看到襪子也就等於看到腳，也能看到女性的性器。也就是說，襪子具有點燃官能之火的媒介作用。換言之，讓別人看襪子或固定襪子的東西，也就意味著引誘對方上床。

英國也是如此。可是對於性的不道德會嚴厲的加以批判，而且認爲在裙子裡面什麼都不穿會挑逗男性，因此，強制要穿短內褲。

當時在英國，即使女子自己清洗性器，也都被視爲是一種淫蕩的作風。認爲接觸性器可能會誘發情慾，因此，不能接觸性器。

即使是夫妻，除了上床以外，絕對不能採用任何暗示性行爲的字眼。如果說出口來，一定會被人恥笑。即使以女人的腿或小腿肚當成話題來討論，也是同樣的情況。

因此，在餐廳裡要吃雞腿肉時，必須說「雞的那個」或是「雞下方的部分」，要拐彎抹角來點菜。因爲腿會讓人聯想到性器。

強調男性性器的「股袋」流行

亞當和夏娃會用樹葉遮住性器，但是，以前在非洲或南美等地過著裸體生活的未開化民族之間，卻有裝飾及強調陰莖的習慣。

我們所知道的就是陰莖蓋或陰莖套。陰莖蓋是編織棕櫚桿所製造出來，蓋在龜頭上的蓋子。而陰莖套則是用木製筒或竹筒等收納陰莖。

具有保護陰莖的目的，更重要的意義是強調、襯托男性的性器，因此，在節日時會將陰莖套畫成彩色，和女人跳舞時，則會用比平常更長、更顯眼的陰莖套。

男人爲了吸引女人的注意而做出這樣的努力。但事實上，這種強調男性性器的習慣在中世紀歐洲也有。那就是十五世紀時登場的使用「股袋」的習慣。

十五世紀的歐洲男子穿著短上衣，並穿著與身體緊密貼合的緊身褲。而褲子前面有開口，露出陰莖。

可是這樣實在太難看了，會讓妻子或女兒嘲笑，教會也因爲這種風潮而感到困惑，因此，命令要遮住陰莖。所以，包住陰莖的「股袋」出現了。

法文是「股袋」，英文則將其稱爲「針袋」，在歐洲各地廣爲流傳。

也就是說，在褲子開口的前端部分，安裝一個能收納陰莖的袋子。

但是，這原本是始於騎士和隨從們安裝在鎧甲下方「覆蓋陰莖」的東西。

將其安裝在鎧甲的大腿部分，使其突出，這與未開化民族的陰莖套十分類似。在保護陰莖的同時，也誇示其巨大的陽具。

而且朝天挺立的話，女子們看到之後會當成話題來討論。藉此對自己的愛人誇示雄風。

安裝的套子是布製的，並且有厚厚的襯裡。

從事聖職者強烈的責難，認爲這是「褲子惡魔」，但是，在市民之間卻廣爲流傳。最初是實用的「股袋」，後來卻花了許多工夫來展現陰莖的雄風。

例如，女子會用鯨魚骨製造胸罩，使乳房看起來更大。基於同樣的想法，男子會在「股袋」中放入檸檬，使其鼓脹，強調陰莖的巨大。

甚至還製造出如公牛頭般大的「股袋」，在街上昂首闊步。看到這種情況的女子，雖然覺得有點難爲情，但卻無法移開視線。

在外觀上也變得非常豪華。「股袋」會用大馬士革生產的絲製造，或是用金銀的刺繡裝飾，甚至會加上寶石或珍珠，競相比較外觀的華麗。

以往的衣服是沒有口袋的，但是，從十六世紀末開始，包住陰莖的「股袋」變化爲口袋。

也就是說，縫在褲子正面的東西，在褲子的側面開了接縫口，並縫上一個小袋子。後來覺得這種作法非常方便，不光是男人，連女人的衣服也開始使用口袋。

翹臀與「巴黎臀」的魅力

因世界各地及民族的不同，理想的女性美也不同。有些是以乳房爲基準，有些則是以臀部爲基準。

有的地方將臀部肥厚視爲是一種女性美。臀部肥厚就是臀部有許多皮下脂肪附著、翹臀的形態。典型的例子就是，非洲西南部克伊族的女子們，也可以在其他民族看到這種情況。認爲臉和乳房並不是魅力的焦點，豐厚的臀部才是具有魅力的女性美。

歐洲的研究家認爲，克伊族的女人並不是一開始臀部就大，而是經由訓練造成的。

她們整天把嬰兒揹在臀上做家事，臀部持續受到壓迫和刺激，促進脂肪的蓄積而造成這種情況。

爲什麼她們會採用這種方式使臀部變大呢？因爲大而豐滿的臀部在當時被視爲美麗而且具有性的魅力，能夠吸引男人的注意。

因此，她們爲了展現具有魅力的臀，會在臀上進行各種裝飾。例如，利用貝殼或著色的稻草或毛皮等裝飾在臀部。

臀可以被視爲女人的象徵，對她們而言，把臀暴露在別人的面前比暴露性器更爲羞恥。

因此，如果要在人前脫掉好像超短迷你裙般的臀裝飾品時，要立刻面向前方，把臀部遮掩起來。

此外，在大溪地及卡洛琳群島還有在臀部刺青，強調臀部之美的做法，甚至有將肛門周圍刺青的例子。這樣就可以吸引男性緊盯著不放。

對於女性的豐臀感到魅力的，不光是非洲或南方地區而已，歐洲也是如此。臀大而豐厚，能夠刺激男性的性慾。

在歐洲並沒有像非洲這種使臀部肥厚的習慣。十八世紀的法國有所謂的「巴黎臀」，流行在裙子裡面塞一些小墊子，使臀部看起來更大。

而其前兆在十七世紀就已經出現了。法國宮廷中寵妾們穿著高跟鞋，用緊身衣勒緊身體，強調肉體美。

開始使用緊身的背景是婦人的正式晚禮服（robe decolletee）的登場。robe decolletee 是「露出頸部和胸部」的意思，是指胸部敞開的衣服。

這種衣服使得胸部更明顯。為了使胸形美麗，因此，要勒緊胸下脂肪，使乳房更大，而出現這種緊身衣。

高跟鞋當然是為了讓臀部變得更美麗而使用的道具。

使臀看起來更大的襯墊，在十六世紀就已經存在，不過在當時還很小。

裙子也要做得膨鬆一點，這是由卡特莉·德·梅迪奇王妃開始流行的。

但是，十七世紀到十八世紀時，路易十四在位時，宮廷的寵妾開始使用較大的襯墊。這就是「巴黎臀」的由來，在娼妓之間也非常的流行。

路易十四的寵妾蒙提斯潘夫人製造了用鯨魚骨撐起來的紡錘形裙子，並穿著這種裙子。原本是爲了想要遮住懷孕的大肚子而做出來的設計，但是，這種裙子只要使用襯墊，就可以使臀部看起來很大，直徑甚至達到一公尺以上，就算男子躲在裡面也不會被發現。

總之，女人的人臀散發性的魅力，能捉住男人的心。因此，女人們會花很多工夫讓臀看起來更大。

最後大吃大喝，變得異常肥胖，也出現自然使臀變成翹臀的女子。

第 4 章

竟然有這樣的性事

領主擁有新娘的初夜權

中世紀歐洲的封建君主擁有「初夜權」的特權。村中的女子結婚之前，由領主奪走這名女子的處女之身。在有些國家要爲頭一次接客的妓女開苞，需要花大筆的金錢。

爲什麼領主擁有這種「初夜權」呢？現在認爲處女並沒有什麼價值，但是，在古老時代，處女被視爲是非常神聖的女子，要奉獻給神，就像是活人祭品一樣。

羅馬人及一部分的印度人會將新娘奉獻給神，用神的陰莖來戳破處女膜。

因此，轉化變成認爲「處女」是危險的。與經血同樣的，認爲在處女膜破裂時所流的血有毒性，而認爲和處女性交是很危險的行爲。

那麼，該怎麼辦才好呢？新娘可以藉著新娘的父親或村長等其他男性的力量戳破處女膜，以避免對於新郎帶來惡運。這是一種神聖的儀式，因此，要挑選地位及身份較高的男性來進行。

這個習慣後來就發展成爲「初夜權」。一五三八年瑞士蘇黎士州發表了公文書，對初夜權有以下的敘述。

「擁有農地的領主，在領地內農民結婚時享有新娘初夜的權利。新郎要將新娘提供給領主，如果不願意，必須支付領主四馬克三十芬尼」。

對於當時的領主而言，農民不只是勞力，還是私有財產。但後來大部分都會支付金錢，排除領主的初夜權。也就是說，初夜權變成一種向新娘課徵的稅金。

支付的金額依土地不同，而有「處女年貢」、「奉獻金」等的說法。不光是地主，甚至有一些聖職者也想要收取這些稅金。

在某地方農民爲了擁有自己的初夜權，新郎必須捐贈一棵大木頭，而新娘則必捐贈一磅七先令給教堂。此外，在德國的拜倫地方，新娘必須獻給領主和自己臀部重量相同的乳酪或奶油。

這個習慣一直持續到十六世紀中期，俄羅斯甚至一直持續到十八世紀爲止。

對領主們而言，農夫的女兒就好像是不用花錢的娼妓一樣，根本不認爲她們具有人權。

如果不能夠捐出財物，讓初夜權爲自己所擁有，就必須要把處女獻給領主。領主當然會行使初夜權。

那麼，這些女孩、是否會傷心的哭泣呢？事實上不是如此。經由報告顯示，她們會非常高興。因爲在行使初夜權的時候，領主會減輕女孩父母的稅，或是給予獎品。所以，這些女孩並不會認爲自己是好色領主的犧牲品。

羅馬皇帝製造人工性器的樂趣

現在已經有許多想要成爲女人的男人切斷陰莖，製造人工的女性性器，變身成女人的例子。但是，能夠保存陰莖，同時製造女性性器，享受兩性樂趣的做法，就令人難以想像了。

羅馬帝政末期，在三世紀的海里歐佳巴爾斯皇帝，就實現了這個夢想。他非常瘋狂，而且惡名昭彰，令人難以相信他具有兩性的性器。性的慾望真的能夠昇華到這個地步嗎？

海里歐佳巴爾斯皇帝在二〇五年出生於敘利亞的艾梅沙。曾經在修道院修行，但是，在卡拉卡拉皇帝過於暴虐而遭到暗殺之後，年僅十三歲的他就登基爲皇帝。他長得非常清秀，是有如女子一般的美少年。卡拉卡拉皇帝的皇太后悠莉亞・美沙非常喜歡他。

海里歐佳巴爾斯皇帝自稱是神之子，荒淫無道，耽於濃厚的歡樂生活中。對於女性燃燒異常的慾望，曾經更換過數名皇妃，擁有許多愛妾，甚至強奪修女成爲他的愛妾。

他崇拜敘利亞太陽神，在神的身體上有用黑曜石製造的陰莖。海里歐佳巴爾斯皇帝可能認爲自己是他的化身，他所建造的神殿就好像是後宮一樣。

神殿的修女們穿著絲質的長袍，使得肉體依稀可見。雖說穿著長袍，卻如同赤身裸體一樣。這些女子會進入海里歐佳巴爾斯皇帝的閨房，呈現夜晚的癡態。

另一方面，他也喜歡穿女裝。穿著用金色鼓花緞裝飾的絲質洋裝，戴著黃金項鍊或手環，比女人化粧得更仔細。

他還在另一個特別的房間裡裝扮成娼妓。海里歐佳巴爾斯皇帝在偷偷帶進來的奴隸面前全裸著，搖頭擺尾，發出甜美的聲音，誘惑他們。想要成爲女人，委身於男子。但生理上他畢竟還是男人，不是女人。

他享受兩性的歡樂，但性慾卻沒有停止的時候。對男人而言，女人的性感是一種謎。即使打扮成娼妓，但是，卻無法實際感覺到女人的性感。他想瞭解女人的陰道在接受男人時到底會有什麼樣的快感。

海里歐佳巴爾斯皇帝想要實際享受這種快感。他認爲可以在自己的身體上安裝人工陰道。當然如果切斷了陰莖，變成女人就沒有任何意義了。

他想出了一個能保有陰莖，又能擁有女性陰道，享受兩性之樂的方法。他利用權力從亞歷山大請來專門的醫師，在他的下腹部挖洞，製造人工的女性陰道。

結果海里歐佳巴爾斯皇帝藉著陰莖和陰道，能同時得到男性及女性的快感。實際上是否真的能得到這種快感我們不得而知，不過這的確是一個非常可怕的傳說。

同時，海里歐佳巴爾斯皇帝最後的下場也很悲慘。

他荒淫無道，甚至想要暗殺下一任皇帝亞歷山大，因此，禁衛軍以他污辱帝位爲理由而殺了他，把他扔到河中。

始於古埃及秘密儀式的獸姦

有時候在A片或成人秀中可以看到女性與動物交歡的場面。當然實際上如果男性和人類以外的動物交歡，就稱爲獸姦。

爲什麼要與獸進行性交，其心理不得而知，不過，這的確是人類的想像力和創意工夫的產物。有人說可能是以前草原地帶的遊牧民族之間，看到在草原上放牧的山羊或牛、馬等交合，進行性的學習，加以模仿而產生獸姦的行爲吧！

但是，這個歷史可以追溯到古埃及的秘密儀示。與獸交歡並不是淫蕩，也不是不道德的行爲，而被視爲是一種神聖的行爲。

有許多埃及眾神是起源於動物。神的臉戴上動物的假面具，擁有獅子的鬃毛或是胡狼的尾巴。

例如，守護死者的神亞努比司就是狗，而五穀豐收之神亞皮司就是牛。

以動物姿態出現的最可怕的惡靈就是鱷魚。男性們最喜歡的靈就是公牛。因嚮往公牛的性能力而信奉。

而山羊及牛都被視爲是神的化身。如果與聖獸交歡，就能撫平眾神的憤怒，和神好好相處，這就是古代人的想法。

但是，後來這不再是神聖的行爲，變成只是滿足性慾求的行爲。

根據英國性科學家賽蒙茲的報告說明，在羅馬時期的女性會使用活的蛇頭。此外，在羅馬競技場會讓一堆人一起進行獸姦，或是訓練動物和女人交歡。

當然也有以男性爲對象的動物。所使用的有母牛、長頸鹿、獵豹、鵝、野豬、斑馬、驢、大型犬等多種。

此外，還教導其使用陰道或肛門與人類男性交歡的方法。

在埃及是一種傳統，尤其是尼羅河流域的遊牧民族，爲了追求快樂而會進行各種獸姦。

在中世紀阿拉伯到麥加朝聖的路途上，通常會和駱駝交歡。駱駝的腳很長，搆不著牠的背，因此，在後腿的關節上方綁個短棒，站在短棒上從後面進行交歡。

此外，在『一千零一夜』中也介紹了以狒狒爲交歡對象的女子。

在大澡堂中進行婚禮

中世紀歐洲，崇尚自由快樂的風潮，這個傾向不光是上流階級，連市民也是如此。尤其在都市的公共澡堂成爲衆人享樂的場所，生意非常興隆。

市民住家沒有浴室，就會跑到公共澡堂去。泡澡當然是爲了要清潔身體，但目的不只如此而已。男女可以自由交往，在此追求快樂。

現在還留有當時澡堂風景的圖畫，從中可以發現許多男女全裸的進入澡堂之中，喝著葡萄酒、吃著東西，在那兒嘻鬧著。

在E．菲克斯的『風俗的歷史』中也描述男女全裸，裹著腰布，用小布條遮住陰部泡澡的情形。只要浸入水之後，小布條就會浮起來而沒有作用，下半身完全裸露。這就好像是脫光衣服一起洗澡似的。

在某個地區規定進入浴缸之後才能脫掉內褲，但是沒有人理會，全都在一開始就脫掉內衣褲。

理由當然是如果內褲打濕了，那麼，穿在身上就會覺得不舒服。但這只是表面的理由。脫衣場只有一個，男女共用，脫光衣服袒裎相見，這才是真正的理由。

結果男人和女人會做些什麼事情，大家就不難想像了。當時的人相當衝動，而且自然率性。經常有人說：「他們的身體洗成白色，但是心靈卻被罪惡染黑而回家。」這也訴說著男女以泡澡爲藉口而在此進行性交。

十四世紀德國的南部慕尼黑和雷根斯堡等地，甚至出現在公共澡堂大浴池舉行婚禮的行爲。當時的銅版畫也描繪出這種情景。例如，大型的浴缸六個排在一起，中間鋪著細長的板子，板子上擺著美酒佳餚。而隔著長板的全裸男女十幾人在大浴池當中。

也就是說，全裸泡在浴缸裡面飲酒作樂，唱歌祝福兩人的婚姻。要說開放的話，沒有比這個更開放的行爲了。不過，這是相當色情的光景。

這樣的公共浴室立刻成爲淫蕩的場所。最後娼妓們都聚集到公共澡堂，文藝復興時期甚至將其興建爲妓女戶。

事實上，古代就有在澡堂進行賣春的事情。古羅馬的共和制末期，男女混浴，盛行賣春。

法國則是十四世紀到十五世紀時，盛行在澡堂賣春。法國南部亞比里昂的某個澡堂有十六間寢室，其實就是妓女戶。

英國也是同樣的情況。中世紀的英國在稱爲「巴格尼歐（澡堂的意思）」的澡堂中進行賣春。十八世紀「巴格尼歐」急增，空有澡堂之名，卻沒有客人在澡堂裡面，全都變成妓女戶。

娼妓當中有黑人也有中國人，可以配合個人喜好享受性的快感。可享受性虐待或被虐待的趣味。十九世紀初的「巴格尼歐」，光在倫敦就有幾百家在營業。

讓朋友觀賞全裸妻子的卡里格拉皇帝

帝政羅馬的三代皇帝卡里格拉荒淫無道，而且是個性虐待狂。沒有政治能力，因此，把皇帝的工作交給親信去做，自己則盡興的享樂。

卡里格拉結過好幾次婚，有的幾天就結束了婚姻關係。那是他和黎威亞・歐雷絲提拉之間發生的事。卡里格拉蠻橫無理，在她與貴族男性的婚禮上將她強搶過去。

但是，她無法忘記自己的丈夫，再次與前夫交往。知道這件事的卡里格拉，後來很生氣的將她趕走了。

婚姻較持久的是和卡耶索妮亞的婚姻生活。她喜歡享樂、任性，和卡里格拉的個性非常相配。卡里格拉甚至讓卡耶索妮亞全裸，供朋友觀賞。

卡里格拉非常喜歡卡耶索妮亞，但另一方面卻又和妓女保持荒淫的關係。

卡里格拉會邀請美麗的貴婦和丈夫一起參加宴會。而在席上對貴婦們品頭論足，如果喜歡就立刻帶到另一個房間，強制和她發生性關係。

在當時的羅馬，做這種事情的不光是卡里格拉而已，而妻子和丈夫同樣的也非常風流。和丈夫一起參加宴會，一邊喝酒，同時也找尋性伴侶。看到喜歡的男子就誘惑對方，兩人霎時消失蹤影。丈夫就算知情也假裝不知道，也可以找尋他人之妻一起作樂。

但是，卡里格拉實在是太過分了。在結束性愛之後，若無其事的從房間裡走出來，在眾人面前，就開始對女性的肉體或性行爲加以讚賞或嘲諷。

卡里格拉爲了誇示自己的權力，胡作非爲，甚至會搶奪年輕貌美的女子，持續威脅眾人。

此外，卡里格拉也是一個性虐待狂。一不高興，不管對方是誰，就命令對方自殺。如果是士兵的話，就會讓奉命自殺的士兵和妓女一起躺在床上，讓對方在享受性愛的快感之中結束自己的性命。

卡里格拉喜歡香水浴，同時將當時珍貴的珍珠用醋浸泡之後喝下，非常奢侈浪費。皇帝的金庫坐吃山空之後，就會藉故冤枉有錢人，沒收其財產，或者是對賣春的行業進行課稅，收取金錢。

甚至在宮殿還有皇帝直營的妓女戶。卡里格拉自己成爲妓女戶的老闆。聚集了貴族的人妻或是少年們，招攬顧客。同時要官員們到市場或神殿宣傳，要男人們到妓女戶來買春。

此外，卡里格拉也喜歡裝扮成女人，會塗口紅、化妝、刺繡，穿著鑲滿寶石的華麗衣服，或者是在絲質的衣服上使用一些金飾。穿著這些衣服時，就會表現出女人的魅態。

他使用大量的媚藥，爲了失眠而煩惱，最後導致精神錯亂。卡里格拉過度荒淫無道，最後被護衛官們切下陰莖後死去。當時才二十九歲。

羅馬皇帝迪貝里斯的「戒指遊戲」

帝政羅馬的第二代皇帝迪貝里斯非常淫蕩。具有豐富的知性，也有不錯的人格，很適合當皇帝。但是他的性慾很強，是快樂主義者。

迪貝里斯在拿波里灣的卡布里島有別墅，根據歷史學家斯耶特尼斯的說法，在這裡的迪貝里斯情慾奔放。

他建造一個進行性行爲用、擁有小舞臺的密室，稱爲「賽拉里亞」，同時將從各地挑選出來的少男少女們帶到這兒來，讓他們演出稱爲「戒指」的秘戲。

以三人爲一組，好像戒指一樣男女串連在一起進行性行爲。

當時古希臘人所知道的性體位就有七十種。對於性方面具有個人差異。此外，因性格或體質的不同，在各種體位上下工夫，而大都是妓女們想出來的。

兩人以上的男女呈鎖鍊狀進行性行爲時，稱爲「維納斯的新姿態」。而「戒指」也是同樣的。

迪貝里斯看著這些秘戲，藉此想要刺激自己逐漸衰退的性慾。在各處都設有寢室，隨時隨地都可以進行。而且寢室用充滿色情的性愛圖畫裝飾，擺了一些秘書。少年、少女們奉迪貝里斯之命打開秘書，以此爲劇本來演出。

迪貝里斯也和一些幼童洗澡，教導他們在他的大腿間遊戲。他把這些幼童們稱爲「我的小魚」，要他們好像幼兒吸吮母親的乳房似的吸吮他的陰莖。

迪貝里斯熱衷於這些惡劣的遊戲，甚至拔掉小孩的牙齒，要他們用牙齦咬他的陰莖。

這樣看來，帝政羅馬社會的性道德非常淫亂，但事實上並不是如此。迪貝里斯也不是唯一的例外。

例如，要選擇男人或女人當成性愛的對象，只是興趣的問題，只要能得到快樂，哪一種都可以。通常有時會選女人爲對象，有時選男人爲對象，雙性戀者很普遍。因爲火山爆發而被埋沒的龐貝城的遺蹟，有很多描述各種性愛圖的壁畫。也就是說，當時可以自由追逐性的快樂。賣春是公認的職業，男人也可以賣春。

到了三世紀時，才制定了取締通姦或同性戀的法律。

迪貝里斯在卡布里島所進行的淫亂事跡終於傳到人民的耳朵裡。他的孫子加斯・凱耶撒爾（後來的卡里格拉皇帝）認爲「祖父的行爲是羅馬帝國的恥辱」，因此帶兵到卡布里島，殺死了迪貝里斯。

那是在西元三十六年、他七十八歲的事情。但是，沒想到這個卡里格拉皇帝也是一個性倒錯者。

處女的價值與純潔證明

中世紀歐洲享受自由的性愛之樂，但在結婚之前當然還是要保持處女之身。男女的自然性慾是不可能完全壓抑的。女兒即使已經進行性行爲，但是只要保守秘密就沒有問題了。不過一旦事跡敗露，就會被責備是墮落的人，在結婚時就不能戴上新娘的花冠。

新婚之夜，第一次進行性行爲之後，新郎必須親自檢查新娘是否留有血跡，這才能證明新娘的確是失身於自己。而沾血的床單或內褲是純潔的證明，也要讓父母或親朋好友看，這是一般市民的禮貌。

因此，盛行做一些僞裝的工作。如果婚前有性經驗，不是處女的話，可以請專家幫忙掩飾。破裂的處女膜可以利用獸類的膀胱來製造，另外，也有一些能讓黏膜縮小及女性性器縮小的藥品。

爲了讓初夜流血，新娘可以在當晚事先弄傷自己的性器。此外，也可以將鴿子血放入小的浮囊裡，事前塞入陰道中。

此外，有些女孩會因爲婚前的性行爲而懷孕。雖然墮胎被視爲「殺小孩」的行爲而被指責，但仍有些商人私自製作墮胎藥販賣。

總之，先前已經敘述過了，新郎只要能讓父母及親友們看到新娘的處女血，那就沒有任何問題了。就算新娘曾在婚前和其他男性有過性行爲，但依然會被視爲是一個值得尊敬的女性。

另一方面，庶民之間的婚前性行爲雖然被視爲是不道德的行爲而加以限制，但長久以來的「試婚」風俗卻依然進行著。

不論男女，在正式結婚之前，爲了瞭解對方的肉體，而會同床共枕。當然有時會進行性行爲，有時並不會。如果發現與對方有太多不合的話，就可以取消婚姻。

像這樣更換許多對象，反覆試婚，並不是羞恥或淫蕩的行爲。關於處女性的價值觀，事實上有許多不同的想法。但是，基本上很多民族都認爲女性在婚前必須是處女之身。

相反的，有的民族卻認爲第一次有月經、還是處女之身是不名譽的事情。像非洲東南部的馬達加斯加島上，少女有戳破自己處女膜的習慣。而在印度某個地方，則由母親戳破女兒的處女膜。

認爲處女不名譽的理由很多，其中之一就是認爲如此一來，女子與男性之間就沒有操縱性行爲的價值了。

在這些地區歡迎旅行的客人，女兒要在夜晚陪伴這些客人。如果客人對這個女子感到滿意，就會送戒指等給她當成禮物。擁有越多的贈品，則這個女孩的評價就越高，求婚者也會越多。贈品就證明了性愛能力的高低。

的確，在這些價值觀之下，會認爲處女是不名譽的事情。但相反的，也有許多重視處女性的一面。

古羅馬認爲擁有最初處女的權利是神的權利，要把新娘奉獻給神，由神的代理人用陰莖戳破處女膜。

但是，埃及和猶太人等，則將處女性視爲具有很高價值的象徵。失去處女的女人，就不能跟別人結婚。這種想法逐漸昇華之後，就演變成之前所說的要讓親朋好友看帶血的床單，當成純潔的證明。當然也出現了一些假裝自己是處女的做法。

有些專家認爲，對處女性過大的評價，只是男人的虛榮心或嫉妒心在作祟。此外，對於奪去處女身，進行性虐待會感到快樂的破瓜愛好家也登場了。

妻子的「權利」是一天六次嗎？

性交的次數有個人差異，一週幾次或一天幾次比較適當，並沒有標準。英國性科學家賽門就曾經報告：「英國某位女性對自己的性交做了記錄手冊，出現曾經一個月進行九十一次性交的記錄。」也就是說一天平均三次多。以一般常識來看，的確是異常的數字。

甚至有些自以爲性能力很強的男人，會說自己一個晚上進行十五次。次數越多越覺得驕傲。

著名的性豪（性能力很強的人）就是奇札雷公爵。在十五世紀末，奇札雷二十四歲時，迎娶十六歲的西班牙公主卡羅塔爲妻。在當時初夜有見證人參觀的習慣，因此，法國國王路易十二世成爲證人，見證他們的新婚初夜。

但是，奇札雷毫不膽怯的上床，挑逗卡羅塔。在每一次結束時，就會送信號給路易十二世。最初路易十二世只是若無其事的看著，但等到奇札雷送出第六次信號時，他苦笑的說道：「哇！連我都比不上這個傢伙。」

一個晚上進行六次的性交，奇札雷果然非常厲害。

但是，在卡塔羅尼亞這個地方，曾經對性交次數進行審判。十六世紀法國思想家蒙提紐在其著書『隨想錄』中介紹過，某位婦女因爲丈夫一再要求行房而感覺痛苦，最後只好訴諸法律。

但是，丈夫卻認爲即使在齋戒日，一天十次以下都無法忍受。這是一個奇怪的案子，兩人都無法忍受。結果如何呢？蒙提紐繼續寫道：

「西班牙女王做出了判決。爲了將正常的夫妻生活所需要的節度及謹慎的模範流傳給後世，決定一天正常必要的限度爲六次。」

被提出告訴的這名男子，一天晚上向妻子要求三十六次。經過判決之後，他覺得很失望。但同席的醫師則感嘆的說道：「以女性的性慾來計算，一天六次太多了。」

我想這的確是醫師真正的想法。

但是，這個判決卻引起軒然大波。西班牙的女子說：「一天六次？那我們只能得到一半的次數囉！」而引起了騷動。如果這是事實的話，那麼，西班牙的女子果真是很喜歡做愛。

宗教改革家馬丁路德曾說：「一週兩次對女性服務，一年就是一百零四次，這樣對雙方都無害。」那是路德四十二歲時所說的話。他自己也是一位精力家。

但在沒有電視、沒有娛樂的時代，性行爲是唯一的樂趣。女王「一天六次」的判決，應該也是令人感到很驚訝了。這些男子的身體真的是那麼強壯嗎？可以想像到也許有許多男子因爲腎虧而死亡吧！

關於貞操帶的男女攻防戰

在中世紀歐洲，男女都自由享受性愛之樂，但還是將妻子視爲是男人的財產。爲了保護妻子的貞操免於被其他男子奪走，很多丈夫都在這方面費盡心思。

因而登場的就是貞操帶，也稱爲「維納斯之帶」。貞操帶是爲了不讓女子和其他男子發生性行爲，而蓋住女子陰部的金屬製帶子。其形狀就好像丁字褲一樣，有些是銀製的。接觸皮膚的部分，用天鵝絨包住，能夠和陰部緊密貼合，而且還上了鎖，無法輕易的取下。

在正面蓋住陰部的部分開個小洞，可以用來小便。但又害怕有人會將手指從洞中伸入，因此，洞的周圍製造成尖銳的鋸齒狀。

關於貞操帶比較有名的傳說，就是十字軍東征時爲了防止妻子出軌，而使用的貞操帶。

十一世紀末到十三世紀後半期，西歐各國的基督教徒成立十字軍，爲了奪回被回教徒統治的聖地耶路撒冷，進行長達七次的遠征。

十字軍的士兵們每次遠征時，可能一兩年都無法回家，因此，士兵們開始煩惱著「我不在家時，妻子可能會與其他男人偷情」，因爲擔心而無法作戰。

於是十字軍的士兵們就讓妻子或愛人穿戴貞操帶，然後帶著鑰匙去遠征了。

貞操帶的生產地是在義大利北部的貝加莫，當時也稱其爲「貝加莫式鎖」，深受士兵們的好評。穿戴在女子的重要部位，鎖好之後就無法進行性行爲。如此一來，也就不用擔心妻子會偷情了。

但是，士兵們自己是不是也一直忍耐著呢？絕對不是如此。軍隊給付妓女們薪水，要他們和士兵們性交，消除士兵們的慾求不滿，提高士氣。

另一說是號稱十萬人的十字軍，帶了一萬三千名妓女上戰場。但是，有的士兵放棄作戰而搶奪妓女，或者是妓女與士兵一起逃走，並生下孩子。

男子們可以自由的享受性愛之樂，所以，被留在後方的女子們只好找貝加莫的鐵匠打造鑰匙，拿下貞操帶，和其他的男子享受性愛之樂。

貞操帶是來自男性嫉妒心的作祟，也是侮辱女性的東西。但是，這麼做卻無法綁住女人的貞操。

被虐待狂尋求被虐待的快樂

被虐待狂和性虐待狂是完全相反的字眼，也就是說請別人虐待自己的身體或精神，產生痛苦而得到性的滿足。亦即希望異性能夠虐待自己，而且自己絕對服從，成爲性的奴隸而感覺到性的喜悅。
正確的說法就是，並非痛苦和快樂同時產生，而是在痛苦離開之後的放鬆狀態下產生快樂。
因爲是與性虐待，所以，可以利用鞭打的方式得到喜悅。或者是對於骯髒感覺到快感，這也是一種被虐待的表現。例如，在生理期間性交或舔腳底等。
關於被虐待而產生性快感的形態有很多。這個字眼是在馬左賀小說中所描述的被虐待性倒錯的場面中產生的。
馬左賀是奧地利的作家，父親是警察署長，母親是大學校長的女兒，因此，他具有聰明才智，被視爲是天才。事實上，他在二十歲時都擔任格拉茲大學的歷史學講師。
三十四歲時首次發表小說，後來寫下『穿著毛皮的維納斯』一書，成爲公認的作家。
馬左賀年輕時非常懂得享樂，遍歷各種女人。三十六歲時與年輕女子相戀結婚，但並不是普通的婚姻。
被虐待時，毛皮和鞭子是重要的道具，而馬左賀爲妻子買了昂貴的毛皮大衣和鞭子，讓妻子全裸，穿著高跟鞋，披上大衣，鞭打自己的肉體，形成一個性倒錯的演出。

馬左賀有戀物癖，這也是一種性倒錯的行爲。他喜歡異性的衣服或高跟鞋、飾品等。也就是說，能夠藉著物品產生一種官能的興奮。

馬左賀無法進行正常的性行爲，只有在被虐待的痛苦中才能夠得到快樂。

他是一個完全的性倒錯者。年輕時非常放蕩，會購買豐滿且力量大的妓女，讓她們來虐待自己的肉體，藉此感覺無上的喜悅。而且馬左賀也會勉強妻子與其他的男人偷情，而自己在現場觀看，享受這種精神上的痛苦，藉此找到快樂。

耽溺於性虐待之樂的沙德的一生

性虐待就是對於他人的精神或肉體加以虐待的行爲，藉此得到性滿足的性倒錯行爲。

大家立刻就會想像到用鞭子抽打對方，令對方痛苦的行爲，藉此感覺到快樂的光景。此外，也包括用剃刀刮裂對方的衣服，或是將精液或糞尿撒在對方衣服上的性虐待行爲。

或者是看過殺死對方，割掉對方的性器等殘酷的性小說或電影之後，能夠得到性的滿足，這也算是一種性虐待的表現。性虐待有各種不同的形態。

性虐待這個字，來自法國作家馬爾基·德·沙德的小說『罪惡之都一百二十天』等中所描述的各種虐待、淫亂的性。

沙德在一七四〇年出生於巴黎市，是貴族之子。年輕時就繼承了龐大的資產，開酒池肉林之宴，生活放蕩。二十三歲時與貴族之女結婚，這是沒有愛的政治婚姻。因此他誘惑妻子的妹妹，滿足官能的喜悅。

性虐待並不是始於沙德，在此之前就已經出現用鞭子抽打妓女，藉此產生一種快樂滿足感的行爲了。

但是，沙德卻更進一步的，在小說中描述性虐待的情節，因而惡名昭彰。沙德發揮本性則是在一七六八年、二十八歲時。

他誘拐了一名少女，關在巴黎郊外的別墅中，讓她赤身裸體，並用鞭子抽打。還用小刀割傷少女的肉體，然後用熱蠟去燙傷口。這件事情被發現之後，提出告訴。

但沙德並沒有因此獲罪，依然不斷的做同樣的事情，結果還是啷璫入獄。

沙德的哲學，一言以蔽之就是「人生的目的就是爲了追求快樂」。沙德所謂的快樂，就是感覺到實際存在自己心中的喜悅，所以，其他人越是覺得痛苦，越能提高他的喜悅。

連沙德自己都說：「愛無以倫比，最高的享受就是給予對方痛苦。」他認爲痛苦是一種快樂。

在沙德作品中登場的人物，有很多都是令人蹙眉的人。

執著於寡廉鮮恥行爲的男女，追求各種性愛與快樂的人，以及誘惑未成年者的男子或是好色男等，全都展現脫離社會規範的行動。

換言之，沙德爲了捕捉赤裸裸的人類百態，描繪各種惡德以及頹廢的快樂，想要撕開人類僞善的假面具。他在一八一四年七十四歲時死於監獄當中。

藉著性虐待而得到性滿足，就稱爲性虐待狂。但事實上，沙德自己也是一個被虐待狂。他請求女人用鞭子抽打自己的臀部。性虐待與性被虐待往往只有一紙之隔而已。也許從沙德的身上就證明了這一點吧！

製造女同性戀這個字眼的女詩人莎孚

關於同性戀的起源不明，但是，古希臘人認爲男同性戀或女同性戀都是一種自然的行爲，絕對不會被視爲是輕蔑或被視爲應該要加以處罰的對象。

此外，在古羅馬爲了滿足官能而進行的同性戀，也不需要遮遮掩掩，是非常公開的行爲。

基督教普及、開始支配一切之後，才將同性戀視爲是罪惡的行爲。視爲罪惡的理由，是因爲同性戀對於繁衍子孫沒有任何幫助，純粹只是追求官能慾望的行爲。

女同性戀這個字的語源是來自「雷斯波斯島的女詩人莎孚」。因此也稱爲「雷斯波斯戀愛」或是「莎孚式戀愛」。

古希臘的女詩人莎孚在西元前六一二年出生於雷斯波斯島。來自富裕的貴族階級，少女時代過得非常幸福。黑色的頭髮，大眼睛，身材嬌小，肌膚是褐色的，不算是大美人。

後來和貿易商結婚，生下一女。不久之後丈夫病死，而莎孚在雷斯波斯島爲年輕女孩開了一所學校。看起來就好像是新娘學校一樣，會教導她們寫詩、音樂及舞蹈等。她自己也會寫一些抒情詩。

年輕女孩們非常崇拜多才多藝的莎孚，莎孚也非常熱心的教導她們，但是，和年輕女孩間的交遊卻傳入世人的耳中。

莎孚和年輕女孩間的親密關係受到誤解，有人誹謗她是「進行不自然的愛」。實際上莎孚的確有一個年輕的女戀人亞提斯。在只有女孩的團體當中，當然有可能會產生同性戀。因爲莎孚是一個熱情的詩人，所以她會吟詠一些官能的詩。

亞提斯和島上的青年相愛，離開這個島。當時莎孚已經五十五歲了。亞提斯離去後，失意的莎孚又喜歡上年輕的船夫帕翁。

帕翁對莎孚的詩感興趣，但是，對她的肉體卻不屑一顧。因此，帕翁不久之後就離開她，到西西里島去了。但莎孚卻無法忘懷帕翁，也隨後跟到西西里島。

莎孚找了帕翁幾天，但是卻沒有找到他。莎孚在失意之餘，從西西里島的斷崖跳崖身亡。

雖然這是一個傳說，但根據這個故事，可以瞭解莎孚並不是一個同性戀者。她曾經結過婚，並且是一位會追求男子的熱情女子。

但是，在雷斯波斯島和年輕女孩們的親密關係給人強烈印象，因此，成爲女同性戀的原型。

被視為是精神病原因的手淫

手淫（自慰）是一種自然行爲。當然，如果有對象，隨時都有機會進行性行爲，那就不必這麼做了。

根據英國性科學家賽蒙茲的報告顯示，非洲和東方的回教徒女性，不論已婚、未婚，都會進行手淫。而且「摩擦」或「撥弄」等手淫特有的動作，都是女性自然的手法。

手淫的歷史悠久，早在原始時代就已經開始了。手淫這個字也有古老的歷史起源。這是來自於舊約聖經『創世記』中的俄南的名稱。

這個故事的大綱如下：

猶大有兩個兒子，一個叫耶爾，另一個叫俄南。在哥哥耶爾死了之後，俄南就娶了嫂嫂。

當時沒有孩子就死去的人，兄弟必須要接收死者的妻子，讓她生孩子，繼承死者的家業。

俄南當然知道就算和嫂嫂之間生下孩子，也不能成為自己的孩子。為了不要生下哥哥的孩子，俄南在與嫂嫂進行性行為時故意拔出陰莖，在體外射精。

由此可知，俄南只是進行了陰道外射精的行為。但是，後來不知為何卻變成一種錯誤的自慰行為，稱為手淫。

手淫的語源來自十八世紀初期，出現在英國醫師貝卡茲所寫的『手淫』一書中。而英國的性科學家巴洛克．艾利斯則認為自慰行為應該稱為自戀。

在世界上有很多風俗習慣的差異。關於手淫，有些地方加以鼓勵，有些地方卻認為這是有害的行為。

鼓勵的理由是認為，對孩子的成長而言這是必要的行為，父母應該要具體的教導。

但另一方面採取手淫反對論的人，最古老可追溯至古埃及時代。從西元前一五七〇年開始到一三〇五年完成的『死者之書』中，有關於這方面的敘述。這本『死者之書』是成爲陪葬品，帶領死者到死後世界的帶領書。但事實上，祭司們卻藉著販賣這種書而賺取暴利。

『死者之書』反對手淫。認爲必須要藉著性行爲得到官能的歡愉，同時認爲這是違反兩人愛情的自然行爲，反對單獨一人進行手淫。

在希臘或羅馬也有手淫反對論出現，尤其在猶太人的歷史中，甚至對手淫者還加以處刑。

因地區的不同，有些地方認爲在太年輕時就瞭解性的歡愉並不好，因此爲進行各種防止手淫的方法。最初是利用宗教的戒律來制止，但是，知道效果不彰之後，就採取封鎖陰部的殘酷方法。

那是對男子進行的方法。例如，用包皮蓋住龜頭，然後用金屬環釘住包皮。或者是用鐵絲刺穿包皮，彎曲成環狀的方法。

但是，羅馬的放蕩女子看到這種陰部被封鎖的年輕人，反而更想引誘他們到官能的世界中。雖不知道具體的方法，但似乎卻發現了罕見的歡樂。

對於女子也進行同樣的行爲。例如，將陰道入口的兩個大陰唇縫合到只能排尿的大小。

爲了使沉溺於手淫行爲的少女戒除惡習，甚至會用炙熱的鐵棒去碰觸其陰蒂。雖然如此，還是無法斷除手淫的習慣。

這實在是非常殘酷的行爲。但是，在十八世紀認爲手淫是一種罪惡。法國思想家威爾提爾在其著書『哲學事典』中，認爲手淫會導致胃腸障礙、顫抖、頭暈及精神異常。

有些醫學家甚至認爲手淫是精神病的原因。

巴黎的高級妓女戶以及人妻賣春

賣春在世界各地都有，在都市也有不少的妓女戶。其中也有十分豪華，被稱爲巴黎「後宮」的高級妓女戶。

後宮在十八世紀末到十九世紀初期生意興隆。與普通的妓女戶不同，就好像是小宮殿一樣的建築物，擁有美麗的庭園。

裝潢非常講究，浴室用大理石打造，非常寬廣。床還有屋頂，使用絲緞被套的羽毛被。此外也提供一流的料理。

妓女們各個年輕貌美，全都是氣質高雅的女子。她們全身赤裸，只披上薄薄的絲質衣服，到處走動。此外，也有演奏樂器或跳舞的女子，同時準備好各種性具、春畫、春藥等，甚至還有設置偷窺房的後宮。

不光是後宮的妓女，十九世紀的巴黎有很多妓女，競相比較性愛術。技術巧妙，就會變成男人的話題，得到極高的評價。她們一個晚上能賺非常多錢，過著奢華的生活。

穿著昂貴的衣服，出入都坐著馬車，生活似乎非常優雅。有些人妻非常羨慕這些妓女，希望用自己的肉體交換金錢，過著奢華的生活。

因爲覺得婚姻很無聊，而且只要花個幾小時和其他男人上床，就能得到新鮮的性愛之樂，還可以拿到錢。

基於這個動機，加入這行的人妻增加了，也就是從事人妻的賣春行爲。

賣春的人妻增加之後，醜聞當然也跟著出現。因此，巴黎開始出現「幽會館」。

就像是現在的汽車旅館一樣。但與現在不同的是，只要客人要求，女主人就會安排與他進行性行爲的女子。

這種女子並不是妓女，是希望和與丈夫不同的男子享受性愛之樂，並賺到錢的人妻。「幽會館」可以避免人妻們捲入危險的醜聞，而且可以在這裡用肉體換取金錢。

但是，並不是完全沒有危險，最大的問題就是懷孕。因此，人妻要動切除卵巢的手術，進行人妻賣春。

失去男性機能的男子

在中國古代有「宮刑」的刑罰。也就是利用去勢的方式奪走男性的機能，使其變成比人類更低等的存在，是僅次於死刑的重罪。這種去勢的方式原本是對於異民族誇耀自己的征服，也就是切除男性俘虜的性器的做法。

不只在中國，古希臘、古埃及、古羅馬、阿拉伯等地都有，一直持續到近代爲止。

古埃及的拉梅斯一世在位期間爲西元前一二九二年到西元前一二二五年。在埃及史上，他留下最多的建築遺跡。拉梅斯二世在卡迪修戰爭中打敗西太軍之後，切下敵人戰死或俘虜的陰莖，切下的陰莖堆積如山。

在東非則以衣索匹亞爲主，戰爭的習慣是要切掉失敗者的男性性器。將陰莖和睪丸全部切除，變成戰利品，並裝飾在馬頭。的確是非常殘酷的做法。

古代猶太人雖然不至於如此嚴重，但是，會割下失敗者男性性器的包皮，而且只對戰死者進行這種行爲。

另一方面，還有當成犯罪刑罰的去勢處罰。例如，在古代日耳曼的刑法，不論是一般市民或是聖職者，一旦犯了好色的罪，一樣要去勢。

去勢的男性要在後宮服務，服務對象可能是男或女。除了利用變成女性化的男子來進行口交之外，切除睪丸的男子也成爲後宮女子的寵物。只有切除睪丸的男子雖然不具有生殖力，但還是具有勃起能力。

而在印度去勢的男子也要在宮廷服務，利用口交使對方滿足。

像這樣的行爲是與戰爭及犯罪無關而進行去勢的行爲。手術是用銳利的刀子切掉陰莖與陰囊，手法非常殘酷。甚至有人因此而喪命。只切除陰囊的危險性就比較小。

有兩種方法，一種是用燒紅的剪刀一口氣切掉陰囊，另一種就是用繩子緊緊綁著陰囊上部，停止血液循環，幾天後陰囊會自然腐爛、脫落。

而宦官就是經由去勢之後，失去男性機能的男子，在宮廷工作的小吏。宦官原本的意思是「去勢的家臣」。爲了害怕在後宮工作的男子染指後宮的女人，所以必須切除男性性器。

各地都存在這種宦官。切除了男性性器，但是，對於女性的性愛感情卻異常的高。因此，在土耳其曾發生宦官迷戀寵妃的糾紛，結果所有的宦官都被燒死了。

其中又以中國的宦官最著名。爲了在宮廷中奪得有利的地位，有些野心家會自己接受去勢手術成爲宦官。而中國因爲漢方醫學發達，因此，幾乎沒有人會因爲去勢手術而死亡。

有太多的人希望成爲宦官，甚至稱爲廠子（手術室）的去勢專門醫院生意非常興隆。順利的話可以成爲高級官吏，成爲後宮總管也不是夢想。因此，有些人故意要接受去勢手術。

中國古代王朝時代，就有一萬多名宦官。十七世紀的明朝，甚至超過十萬人。

性瘋狂產生可怕的狩獵魔女行為

十六世紀到十七世紀，因爲性瘋狂而吹起了狩獵魔女風。人類的瘋狂產生殘酷的人權鎮壓行爲。

所謂的魔女，事實上都是農村的普通女子，只要被懷疑是魔女，就必須接受拷問。而異常的審問官會想要知道她們是否偷藏秘藥，而徹底檢查她們的體毛、肛門和陰部。

要她們脫光衣服，把所有的毛髮都剃掉，只是爲了找尋秘藥。因爲幾乎都是農村女子，經過這番檢查之後，都會出現一些污垢、羽毛、稻草屑等。審問官會認爲這些就是秘藥，而給她們冠上魔女的罪名。

如果沒有找到秘藥，就必須全身赤裸，用鐵絲綁在拷問臺上。用針刺身體，部位包括乳房、大腿、眼瞼和舌的內側、性器等。如果不會感到痛苦，就表示不是魔女。但是，一般人當然會感到疼痛，因此就會被視爲是魔女。如果不告白，就會給予喝水的處罰。綁緊手腳，被灌下九公升的水。如果還能忍受，就在腳底或腋下、性器上塗油或硫磺，並且用火燒。

一直拷問到女子無法忍耐，屈打成招。

由於這種迷信的識別法，很多女子被視爲是魔女，而處以火刑。全身脫光衣服，塗抹硫磺後點火燃燒，藉此淨化惡魔的污穢，使其力量完全消滅。

當時基督教統治整個精神界，所有的思想都在教會的控制之下。另一方面，昔日的迷信依然盛行，農村的民眾們還是依賴巫術。尤其是具有藥草知識、能替人治病的人，或是有占卜未來能力的人，全都被視爲可怕的對象。

真正的狩獵魔女是在一四八六年。當時出版了一本惡名昭彰的『魔女槌』一書。羅馬法王因諾根迪威斯八世出版教書，將狩獵魔女視爲是正常化的行爲，而且利用這本書當成狩獵惡魔的基本教材。

最初被視爲魔女、必須接受審判的，只有使用藥草或是進行巫術的女子，後來甚至波及到農村的普通女子。教會的密探們爲了抓住魔女問罪，因此，到各個村中去找尋。

密探們對每一位女子都烙上「可疑」的烙印，不管她們說了什麼話或做了什麼動作，都被認爲是與惡魔的交往，或是以前曾和惡魔交往過。也就是說，任何女人都有被視爲魔女的危險性。

什麼理由都可以。認爲性行爲只是用來生孩子，不是爲了快樂而進行的行爲，因此，將性視爲是不道德的行爲。此外，爲了提高性能力而製造媚藥，或是性交時感覺到快感而稍微變化體位等，都被視爲是惡魔的手法。

在拷問時，有沒有參加過安息日是重要的審問事項。一般而言，安息日是幻想的產物，但是，在拷問過程中因爲異常的審問官特別重視這個部分，而會將其狀況誇張描述。

總之，受到性壓抑的神職者對於性產生異常的情感，因此運用權力，公然進行性虐待。

第5章

在性的道路上迷惘的人

成為妓女的皇妃梅莎莉娜的淫亂

一世紀羅馬帝國的皇帝叫做克拉迪斯。他的妃子梅莎莉娜非常淫亂。爲何皇妃會變成妓女，就是爲了要滿足性慾，可能是罹患先天性的多淫症吧！

梅莎莉娜結婚時才十五歲，丈夫克拉迪斯比她大三十五歲，當時已五十歲了。梅莎莉娜五官端正，擁有豐滿的肉體，乳房豐滿。具有貴婦人的外表。

丈夫克拉迪斯是出生於歷代皇帝的名門優斯克拉迪斯家的一員。小時候曾罹患小兒麻痺，身體不是很好。

克拉迪斯五十一歲時，禁衛軍簇擁他爲皇帝。但是，他沒什麼政治能力，只能給予禁衛將校及士兵金錢，以壓抑他們的不滿。

他在年輕時曾結婚兩次，但後來都離婚了，梅莎莉娜是他第三任的妻子。大家對於克拉迪斯的評語是「老人癡呆，優柔寡斷，是無法滿足妻子的皇帝」。梅莎莉娜比他年輕三十五歲，精力旺盛，他當然無法滿足妻子。

梅莎莉娜儼然是一個貴婦，她不是非常美麗，但卻相當好色。克拉迪斯只要能跟她做愛就覺得滿足，其他的事她根本不在意。

梅莎莉娜生了一男一女後，還不到二十歲，非常年輕。爲了消除慾求不滿，每晚都會在宮殿邀請英俊的男演員或貴公子參加晚宴。

晚宴最後都會成爲雜交派對。梅莎莉娜無法從丈夫那兒得到滿足，因此，不斷的結交戀人。

但是，她貪婪的性慾沒有任何男子能完全配合，因此梅莎莉娜只好變成妓女，到處找尋男子。

她在羅馬的妓女戶以盧姬絲卡之名接客，她在房間的門上安裝了一個打造成陰莖形狀的扣門環。梅莎莉娜每晚都會離開宮殿到妓女戶。露出塗成金黃色的乳房，表現自己的魅力。有不計其數的男性因爲她的豐滿肉體而受到誘惑。

梅莎莉娜的醜聞傳遍整個羅馬。但是，一旦有人批評她的行動，就會被栽贓嫁禍，判處死刑。

丈夫克拉迪斯也知道這一點，但卻佯裝不知。可是這樣一來梅莎莉娜的慾望卻無止盡的升高。

她喜歡上羅馬一名俊美年輕的執政官佳由斯・希里斯，想要和他結婚，讓他取代丈夫成爲皇帝。但是，希里斯已經有了妻子，而梅莎莉娜強迫他離婚。雙重婚姻違反羅馬的法律，梅莎莉娜卻開了幾天幾夜的豪華慶祝宴會，可說是寡廉鮮恥的行爲。連克拉迪斯都非常生氣，命令殺死梅莎莉娜和她的愛人。

梅莎莉娜逃到路克魯斯庭園，但卻被禁衛軍包圍刺殺，當時她才二十四歲。

淫亂的波爾吉亞家的人

文藝復興時期的羅馬法王，非常頹廢及好色。其中最寡廉鮮恥的破戒神父，就是亞歷山大六世。

他的名字是洛德利歌・波爾吉亞，是出身於西班牙的義大利貴族。在一四九二年登基成爲羅馬法王亞歷山大六世。既然是法王，應該要成爲眾人生活典範的指導者，但他卻反其道而行。

原本聖職者一生都不能有妻兒子女。但是，他在成爲法王之前，擔任樞機主教時就擁有幾個愛人，甚至還有孩子。

成爲法王之後，更是變本加厲。他利用權力蓄積財富，爲所欲爲。被視爲是在歷代法王中最墮落、充滿肉慾的法王。

他在羅馬郊外有廣大的別墅，就好像阿拉伯的後宮一樣，有數名侍女服侍。她們原本就是羅馬的妓女，經常全裸，或是套上薄如蟬翼的上衣，到處走動。

經常召開宴會，招待主教或高位的聖職者，或是上流階級的人妻或女孩。但是不請他們的丈夫或父親，只聚集女子舉辦荒淫的宴會。

亞歷山大六世在聖彼得教堂所舉行的處女受胎節時，從超過百名的女子中選出最美的女孩，以接見爲名，強取她們的處女之身。

亞歷山大六世的兒子齊扎雷・波爾吉亞以及女兒魯克雷奇亞・波爾吉亞也遺傳了他的荒淫習性。

魯克雷奇亞的母親是羅馬的妓女威諾佳，在亞歷山大六世還是樞機主教時，就已經是他的愛人了。

波爾吉亞家擁有美貌的血統，而魯克雷奇亞擁有金黃色的秀髮、藍色的雙眼及具有魅力的雙唇，是一位不折不扣的美女。里奧納多・達文西的作品以及米開朗基羅的作品都曾經以她當成模特兒，從作品中不難想見她的美麗。

魯克雷奇亞十一歲時，依照父親的意思和西班牙的貴族敦．加斯帕洛結婚。但是，父親成爲羅馬法王之後，就命令她和丈夫離婚。當她十三歲時，又要她和斯佛魯茲亞家的嫡男喬汪尼結婚。

婚禮在巴契凱宮殿盛大舉行，整個羅馬市都爲他們祝賀。但是，這個婚禮非常奇妙。新婚初夜時，魯克雷奇亞卻留下丈夫喬汪尼，回到了自己的房間。

一直持續這個狀態，當然喬汪尼漸漸感到不耐煩，後來打開結婚契約書一看，上面有一條附帶條件，就是以魯克雷奇亞年幼爲由，設立一年的婚約期間。這是父親亞歷山大六世想出的便於魯克雷奇亞離婚的手段。

喬汪尼因爲新娘是法王的女兒，有很多的陪嫁品，所以一直忍耐。但是，後來法王仍以「丈夫喬汪尼性無能，所以婚姻生活不成立」爲由，逼他離婚。

對於喬汪尼而言，沒有比否定他的男性機能更屈辱的事情了。憤怒的喬汪尼說道：「會和魯克雷奇亞婚姻破裂，是因爲法王和她有近親相姦的關係。」

但是，和魯克雷奇亞實際發生關係的，則是她的哥哥齊扎雷。

齊扎雷在一五〇一年的萬聖節於巴契凱宮殿召開宴會。當時聚集了羅馬妓女中最淫蕩的五十人，並且全裸接待客人。

酒足飯飽之後，男子們抱著全裸的女子，玩弄著她們的乳房。然後把炒栗子撒滿整個地上，讓全裸的女子去撿拾，熱衷玩著這些遊戲。

法王讓全裸的女子們發出嬌呼聲，看到她們搶奪栗子的姿態，不斷的喝采。而觀賞這個遊戲的魯克雷奇亞也脫掉衣服，和妓女一樣全裸，開始撿栗子。

最後在旁觀賞的男子終於開始追逐女子們，把她們壓倒在地。魯克雷奇亞也和哥哥齊扎雷手牽手，當場糾纏在一起。兩人的關係從以前就不尋常了。這種近親相姦的例子屢見不鮮。

聖職者與修女的官能生活

基督教的聖職者必須單身，而且不能和女性結婚或同床共枕。但是，有些高位的聖職者卻和女性過著與結婚沒兩樣的同居生活，享受官能之樂。

成爲領主的聖職者，也可以得到住在支配地的女子或人妻，免費爲自己進行性的服務。

還有許多另外搭建的「女人館」。女人在裡面編織縫衣。但「女人館」同時也是聖職者的後宮，領主會呼朋引伴，耽溺於與女人的性愛之樂中。

在中世紀的歐洲，有許多掌管法王代理權的主教或修道院長的聖職者濫用宗教的特權，滿足自己的慾望。表面上一臉嚴肅，私底下卻沉溺於官能的世界中。

無論男女都要告解。告解就是向主教懺悔過自己的罪，求神原諒。

原則上主教要嚴守告解的秘密，但不見得會遵守。例如偷情的女子一旦告解，主教可能會要求這名女子實際以肉體演出當時的情況。也會有一些神父會假藉要妓女悔過，而到妓女戶去嫖妓。

中世紀在各地都建立了女子修道院，這些地方也留下許多荒淫的故事。這是發生在義大利米蘭近郊女子修道院的故事。

在這家女子修道院有一位修女叫瑪莉亞。她是貴族之女，在十四歲時進入修道院，過著對神奉獻的生活。

從她的房間可以看到鄰家的庭院。有一天，她從房間看出去，看到鄰家的浪蕩子保羅誘惑修道院的女學生伊莎貝拉，正在玩觸摸她身體的遊戲。

規矩的瑪莉亞立刻到庭院去責罵保羅和伊莎貝拉。但是，過了一年之後，瑪莉亞卻喜歡上保羅，與他幽會並且進行性行爲。

偷食禁果的瑪莉亞，無法忘懷這種滋味，就好像妓女一樣，沉溺於和保羅的性愛中。

保羅原本就好色、愛玩，所以每天都要求瑪莉亞的肉體。但瑪莉亞無法每天持續，有時會拒絕，於是保羅又陸續勾引其他的修女，與她們發生肉體關係。

最後瑪莉亞懷了保羅的孩子。雖然服用墮胎藥嘗試著流產，但還是失敗。結果瑪莉亞不道德的行爲被揭露，接受宗教的審判，判入獄十四年。

有許多的繪畫都顯示出修女的淫亂，甚至出現在修道院的廁所墮胎，將嬰兒塗抹在牆壁上等恐怖的傳說。

此外，中世紀的街道上並沒有住宿設備，旅行者大都會住宿在修道院。好玩的貴族認爲女子修道院是個可以追求享樂的地方，就像是妓女戶一樣。

根據富克斯『風俗的歷史』的記載，修道院是「姦淫以及所有惡德的交易場」，還說：「女子修道院擁有比妓女戶更多的歡樂，而且住在這裡的客人，不需要付分文，只要支付自己的精力即可。」

騎士和貴婦都是性的冒險者

騎士在中世紀的歐洲相當活躍。他們崇尚忠誠及武勇，其倫理被稱爲「騎士道」而受到重視。但是，騎士對女性卻非常嚮往。

嚮往的對象包括貴族夫人。騎士在精神上原本是尊敬女性，以爲她們奉獻爲理念，但實際上並不是如此，有時甚至會與她們發展爲肉體關係，因爲有不少貴婦貪婪性愛之樂。

例如，有這樣的傳說。有一位以勇猛、強壯著名的騎士歐利威耶，精力絕倫，自稱能夠連續和女性進行性交百次。

卡爾大帝的女兒聽到這番說法，想要證明這件事。因此，要他和自己進行性行爲，看他是否真的有這個本事。

而歐利威耶也深具自信的說道：「如果不到一百次，就請判我死刑好了。」向卡爾大帝的女兒挑戰。歐利威耶不斷的奮鬥，但是到了第三十次時，終於因爲精力耗盡而倒下。

雖然只有三十次，也頗令人感到驚訝。公主非常的滿意，不想失去這樣的男子。她知道如果老實的告訴父親「只有三十次」，那麼，歐利威耶就會被處死，因此謊稱「真的有一百次」，欺騙父親。

對於一位騎士而言，在戰場或馬術比賽時搏命演出，表現出勇敢非常重要。但是，在寢室中發揮男性的力量來滿足貴婦們，則更重要。

因此，能夠一箭射中貴婦的心，成功誘拐她們上床時，就好像在狩獵時射中獵物一樣，會感到非常驕傲。

要成爲騎士，必須從七、八歲開始到諸侯的宮廷或騎士的城堡中工作，十二、三歲時成爲見習騎士。在鍛鍊肉體的同時，也要學習用餐及寢室的規矩。被肯定實力之後，就能得到騎士的頭銜。

在任命爲騎士的儀式上，必須發誓要保護弱女子。不光是保護而已，甚至要昇華爲以身相許，犧牲奉獻。

有許多關於騎士道的傳說，但是，也有不少使得貞節烈女墮落的傳說。

騎士們擁有和普通人不同的道德觀。妻子是服侍自己的女子，而戀人則是男人的夢想，將戀人稱爲「女主人」。而且和貴婦之間的交往不僅限於寢室中，甚至會在森林的樹上或是庭院的長椅上追求快樂。所以，騎士和貴婦都是性的冒險者。

男裝打扮生下嬰兒的女法王

大家都認爲羅馬法王都是男的，但是，在九世紀時卻出現一位女扮男裝的女法王，那就是喬安尼八世。而且她是在望彌撒時，於穿著聖袍的情況生下嬰兒的淫亂女法王。

她的本名叫喬安娜，出生於德國。小時候就失去雙親，住在修道院內當修女。十七歲時喜歡上比她年長一歲的神父。這是年輕少女們都擁有的情懷，但是，修道院卻不會允許這一點。她希望能和神父在一起，因此，只好女扮男裝，和他一起私奔了。

神父的名字是大雷門奇歐。兩個人經過一段長久的旅行，到達了所屬的教堂，並且拜託院長讓他們在那裡生活。院長不知道喬安娜是女子，因爲她看起來擁有如男子般高瘦的體格，頭髮也剪短，像個男孩一樣。

她改名為喬安尼，並且展現出男性的動作。雖然在教堂裡面，但兩個人卻經常避人耳目的到老舊的禮拜堂約會，耽溺於愛慾中。

但好景不長，被一位神父目擊之後，兩人的傳聞立刻公開，於是他們逃出了教堂。幾個月之後，寄身於亞提尼的教堂中。

喬安娜努力研究學問，她的博學多聞深受好評，甚至連高位的聖職者或政府高官都聽取她的建言。當然也沒有人懷疑她是女性。

但是，夫雷門奇歐卻為她瘋狂，完全無心做學問。她不喜歡這樣的男子，於是在某個晚上獨自到羅馬去。

當時的羅馬法王是雷歐尼四世，喬安娜有幸能夠謁見他。她的博學多聞深深的虜獲了法王的心，法王命她擔任聖馬爾提諾學院的神學教授。

喬安娜在學院深獲好評，法王也經常去聽她的課。不知道喬安納是女兒身的法王，甚至拔擢她為特別秘書。

不久，雷歐尼四世因為高齡而猝死。當時討論下一任的法王繼承人。學院的學生們熱心的展開運動，結果她成為喬安尼八世，並登上法王的寶座。

登峰造極之後，喬安娜卻悶悶不樂。她是女人，卻要女扮男裝，並忍耐自己展現男子的行動，而且當時她正值三十五歲的狼虎之年。

留下愛人獨自來到羅馬的喬安娜，尙未接觸過其他男人，她的好色血液開始沸騰。她注意到二十歲的年輕侍從保羅。

保羅知道法王是女人之後，感到非常驚訝。但他是男人，仍被三十五歲的女人肉體所惑，經常和她同床共枕。雖然她能夠貫徹聖職者之道，但是，卻無法戰勝性的誘惑。

一旦法王和年輕侍從的肉體關係被揭露，就會成爲前所未聞的醜聞，法王的寶座當然也就不保了。她小心謹慎的隱瞞事實。但原本就好色的她，自此就如江河決堤一般，沉溺於與保羅的肉慾世界中。

結果她懷孕了。她當然要做出處置才行，但是，在法王廳內卻無技可施。經過一段時間之後，肚子慢慢的變大了。

悲劇的一天終於到來。在彌撒時產生劇烈陣痛，她冒著油汗，努力忍耐，但最後還是昏倒。從她聖袍的下襬開始流出血來，並聽到嬰兒的哭聲。

「什麼！法王生下嬰兒！」「法王是女人？」在教堂內引起劇烈騷動。

對於天主教而言，這是非常不名譽的事，因此關於她的正式記錄完全被抹煞，她成爲傳說中的人物。喬安娜後來因爲大量出血而死亡，另也有一說是她與嬰兒一起被處死，總之眾說紛紜。

禁止性自由的瑪麗亞・提雷奇亞

奧地利女王瑪麗亞・提雷奇亞是馬麗・安德尼特的母親，是道德觀念很強的女性，嚴格取締賣春行爲。

她出生於一七一七年，是奧地利君主哈布斯普爾格家的長女。十八歲時和德國皇帝法蘭茲一世結婚。每年都懷孕生產，共生下十六個孩子。

二十三歲時因爲哈布斯普爾格家沒有男孩，因此由瑪麗亞・提雷奇亞繼承父王卡爾六世的皇位，成爲女帝登基。但是，因爲之前曾因繼承皇位問題而引起戰爭，瑪麗亞・提雷奇亞忙著解決這個問題，後來統一了奧地利。

瑪麗亞・提雷奇亞是一位既美麗又健康的女性。十八世紀的歐洲對於性的不道德相當寬容，並沒有人嚴加責備。可能是因爲這個緣故吧！丈夫法蘭茲也和許多貴婦眉目傳情，甚至發生性關係。但是，瑪麗亞．提雷奇亞幾乎都能夠立刻察覺，並且在不會損及法蘭茲尊嚴的情況之下阻止他。

她是一位非常聰明的女子，卻具有當時罕見的性潔癖。許多人都追求自由的性愛之樂，但是，瑪麗亞．提雷奇亞卻一直守護自己的貞操。

她的性道德觀非常嚴格，對於所有的不道德絕不寬容。當時在維也納有一萬名妓女，瑪麗亞．提雷奇亞絕不允許這些人的存在。

於是她制定了「純潔規定」，設立了風紀委員會，取締賣春行爲。其規定相當嚴格，以下情況皆視爲違規者。

一、單身男女進行一次以上的性行爲時。

二、兩人以上的單身者經常同床共枕時。

三、單身女子過著淫蕩的生活，或是與多數男子發生性關係時。

第一是婚前性行爲，第二是同性戀，第三是賣春行爲。當然將其都視爲是賣春行爲而加以禁止。一旦違反，就要遭受鞭打之刑，接受嚴厲的處罰。

她在城市裡分配了許多密探，偷偷的查探眾人的行爲，舉發違規者。被逮捕的妓女要被剪掉頭髮，用手鍊綁住，在眾人面前被壓進車子帶走或進行道路打掃。如果有男子和妓女一起在現場被捉到，非單身者會以通姦爲由接受審判，單身者則要立刻與妓女結婚。

就算賣春是不道德的行爲，但這種刑罰也太嚴苛了，因此，有很多人抗議瑪麗亞．提雷奇亞的做法。維也納的人都說：「女王具有嚴格的道德心，就是因爲她的丈夫法蘭茲一世的行爲太過於輕薄，因此，她把怒氣向民眾發洩。」

對於維也納的人而言，純潔與他們的個性不合，因此，即使有嚴厲的處罰，但他們還是偷偷的享受性愛之樂，結果導致梅毒的蔓延。

瑪麗亞．提雷奇亞也發現到自己的愚蠢。一七六五年她所愛的法蘭茲一世去世時，她發現了由於「純潔規定」之賜，被宮廷忽略的寵妾亞斯貝爾克侯爵夫人在房間的一角哭泣。

「我們兩個人都失去了很多東西。」

當時瑪麗亞．提雷奇亞四十八歲，後來又活了十五年。但是自從法蘭茲死後，她就不再佩戴寶石及塗抹唇膏了。此外，許多女人在丈夫死後都會傳出許多風流韻事，但是，瑪麗亞．提雷奇亞卻未曾出現這樣的傳言。

喜愛巨根的唐朝女皇

唐朝的武則天是女人，施行恐怖政治，暴虐無道，另一方面她又非常寵愛擁有巨根的男子。

她原本是高級官吏的女兒。十三歲時因爲貌美而被選入唐太宗的後宮。當時後宮有一百多名美女，她並不突出。因此，太宗並沒有特別寵愛她。

十三年之後，當她二十六歲時太宗死去，按照當時的習俗，她應該削髮爲尼。如果她以尼姑的身份終其一生，就無法留名青史了。

但是，在三年之後，她的命運產生具大的改變。太宗的兒子高宗被她的美貌所吸引，將她帶回後宮。當時她二十九歲。

高宗當然已經有了皇后，但她以高明的技巧，深深擄獲高宗的心。她後來生下一名男孩，而因爲皇后無子，她就打算利用兒子登上皇后的寶座。

殘酷的是她殺害了自己的孩子，並且把罪都推給皇后，並且誣賴皇后說她想要利用巫術殺害皇帝。利用這些手段，使自己登上皇后的寶座。

高宗體弱多病，因此武后能自由運用政治能力。將高宗喜歡的女子陸續殺死，對於不幫助她及反對她的人也加以虐殺，人數超過百人。

高宗五十五歲時死去，由皇太子李顯繼位，而武后實際掌握實權。武后當時六十歲。她雖然先讓兒子登上皇位，但後來又拉他下臺。六十六歲時自己即位，改國號爲周。

野心達成之後，她的私生活也開始淫亂。她喜歡擁有巨根的男子，只要聽說有巨根的男子，就會命令部下將他帶來。

老年時期生活淫亂的武后，有一位特別寵愛的男子薛懷義。他原本是走江湖賣藝的人，在洛陽大街上賣藥，身份低微。但因武后聽說他擁有巨根，因此召喚他到宮廷。

兩人立刻進入寢室交歡。他的陰莖果然如期待般非常巨大，又具有高超的性愛技巧，而且精力旺盛，使武后享受到官能的歡愉。兩人一直做愛到天明。

當時武后已經七十歲了，這真是一對精力充沛的男女。武后不願意離開他，因此要他假扮成和尚，在自己身邊陪侍。

薛懷義最初使用肉體俘虜了武后，但他原本就是只有巨大陰莖的粗野男子，對武后的肉體感到厭倦後，開始引誘女官們。但是，沒有任何女官能接受他的巨根，許多女性性器因此而受傷。

不光如此，他還將宮中的寶物拿到市面上變賣，放火燒國寶大佛殿，做出許多粗暴的行爲。後來因爲太過於囂張，連武后都生氣，命令家臣們殺死薛懷義。

武后雖然愛惜他的巨根，但最後還是忍痛做出犧牲。後來她又開始寵愛年輕的張易之、張昌宗兄弟。他們也都是擁有巨根的人，同時具有媚藥及回春劑的知識，也學會了特殊的性愛技巧，因此，武后每隔一天分別將兄弟叫到寢室，夜夜享樂。武后就這樣結束了八十二歲的生命。

梅莉女王的婚外情下場

十六世紀的歐洲，王室的女孩幾乎都要接受政治婚姻，而且必須乖乖的遵從。但是，蘇格蘭女王梅莉絲亞特卻有了婚外情，而且耽溺於愛慾之中。

即使是性不道德橫行的時代，但女王依然不能做出任何不義的行爲，所以，梅莉的奔放引起了之後的叛亂。

她在出生後第六天就失去了父親，繼承王位。六歲時在母親梅莉·德·吉絲的安排之下，和法王安利二世的兒子法蘭索瓦王子訂婚，遠渡法國。

她在法國宮廷學會了規矩和語學，並且喜歡音樂及繪畫，變成一個既美麗又優雅的才女。十年之後十六歲時，正式與王子成婚。

翌年父親安利二世去世之後，她變成法國王妃。但是，丈夫法蘭索瓦即位翌年就因病猝死。後來她的親生母親也去世，因此，只好回到故國成爲蘇格蘭女王。

她至此還是一直被命運捉弄的悲劇女王，但後來卻改變了。當時梅莉十八歲，對於男人比政治有興趣多了，而且傳說她和宮廷詩人相好。

她的親信在這時慌了手腳。爲了讓她趕緊安定下來，爭相奔走去找尋結婚的對象，但梅莉都看不上眼，只對來宮廷拜訪的亨利·丹里一見鍾情。

亨利是擁有英格蘭王室血統的俊美青年。比二十三歲的梅莉年輕四歲，當時是十九歲。親信們雖然面有難色，但還是在梅莉的堅持之下讓他們結婚了。

不過丹里十分喜好女色，雖說是新婚，卻完全無視於妻子梅莉，每晚都飲酒作樂，和其他女人上床。梅莉不久之後生下男孩，可是後來卻不讓丹里碰她。

這是因爲梅莉已經有了新的愛人。他是三十歲的貴族波斯威爾。他已有妻子，但個性浪蕩，愛人一個接著一個。梅莉可能就是喜歡他這種放蕩不羈的行爲吧！

她捨棄了女王的自尊，不斷的追求波斯威爾。波斯威爾的性愛術非常高明，使得梅莉深陷其中。

即使波斯威爾面對的是女王，但他對於到手的女人就不感興趣了，很快的就對她抱持著冷淡的態度。然而梅莉頭一次瞭解男性的魅力，根本無法忘記他，而且也懷了波斯威爾的孩子。

梅莉爲了吸引波斯威爾的注意，做了一件大逆不道的事情。她派波斯威爾的屬下殺害了自己的丈夫丹里。

後來梅莉和波斯威爾結婚。即使在暗殺與陰謀屢見不鮮的時代，梅莉的做法也未免太心狠手辣了，因此，遭到貴族們的反叛。

梅莉和好不容易與她結婚的波斯威爾之間產生裂痕，逃到了英國。然而不喜歡她的伊莉莎白女王卻監禁了梅莉。她被關了將近二十年。後來以企圖暗殺伊莉莎白女王爲由將她處死。

伊莉莎白一世單身的理由

十六世紀的英國女王伊莉莎白一世終身未嫁，被稱爲「處女王」。她留下一句名言：「我和國家結婚了。」但是她果真討厭男人嗎？

伊莉莎白一世出生於一五三三年，是亨利八世的女兒。母親是第二王妃安·普林。伊莉莎白一世不結婚的理由是「我的性器有缺陷」。但據說是從父親亨利八世那兒遺傳了梅毒。

伊莉莎白一世終身未婚，絕對不是因爲她討厭男人，她甚至曾和許多男人享受奔放的性愛之樂。

父親亨利八世，最後的王妃是凱撒琳·帕，而伊莉莎白是在她的宅邸中被養大的。亨利死後，凱撒琳和湯瑪斯西蒙結婚。

伊莉莎白禁不起湯瑪斯的誘惑，傳說她曾生下湯瑪斯的孩子，但立刻就被殺死了。

伊莉莎白在一五五八年，二十五歲時即位。後來並沒有正式結婚，但是，好色這一點卻和父親亨利八世非常類似，擁有許多戀人。

包括擅長跳舞的首相哈東、在長槍比賽中表現勇猛的德威亞，以及浪蕩子羅里等。很多男子都和伊莉莎白一世有關係。

交往時間最長的是青梅竹馬的雷斯塔伯爵洛巴特·達德里。他是一位勇敢的武者，很有教養，又會說話。達德里已經有一位妻子愛咪，但傳說伊莉莎白曾經只穿著內衣褲，外面罩件袍子就溜進了達里的房間。

伊莉莎白一世是具有魅力的女性，連西班牙國王菲力普二世，以及法國、丹麥的王室都曾向她求婚，但伊莉莎白卻婉轉的拒絕了。她並不是討厭男人，反而是因爲好色而想要玩弄男人。

另一方面，她經常有異樣的行動。例如，不高興時就會用刀子割侍從或侍女的手，或是把他們的手指折斷。

此外，還會拔出劍來胡亂揮舞，或是在外國大使面前掀起衣服，露出腹部給對方看等。這些奇妙的行爲，可能是因爲梅毒導致精神異常所造成的。

宮廷內的家臣或侍女可能會談戀愛，但是，善妒的伊莉莎白都會拆散他們。尤其到了中年之後更變本加厲，只要親吻了侍女的貴族就會被趕出宮廷。

因此，伊莉莎白在舞會上並不跳舞，會仔細觀察年輕侍女的行動，只要有較親密的舉動，她就會嚴加防範。這個習慣一直持續到一六〇三年，七十歲死亡之前。

如果說這是因爲梅毒而造成異常的歇斯底里行爲，那也無可厚非。但也有人說是因爲她異常的幼年體驗，造成潛意識對性有一種嫌惡感。因此，她在進行性行爲之前會出現歇思底里引起的痙攣症狀，導致偶爾無法進行性行爲。

換了六名妃子的淫亂亨利八世

十六世紀的英國國王亨利八世，因爲建立海軍，確立英國的絕對君主政權而著名，也爲了伊莉莎白時代的繁榮做好了準備。但他在性生活方面卻非常奔放。

他可說是淫蕩之王，總共更換了六名王妃，甚至有「藍鬍子」之稱。

「藍鬍子」是十七世紀法國作家培洛的故事主角。他陸續殺了六名妻子，將屍體藏在房間裡，結果被第七個妻子的兄弟發現而殺了他。後來「藍鬍子」就變成陸續更換妻子的男子的代名詞。

十八歲時繼位爲王的亨利八世是一位俊男，具有活潑的性格，身體壯碩，精力絕倫。同時無視於教會及法律，胡作非爲。

繼任王位之後，就和哥哥的未亡人妻子凱撒琳結婚。當時教會法嚴禁叔嫂間的近親婚姻，但是，亨利八世卻打破了這項規定，強行與凱撒琳結婚。

凱撒琳比亨利大六歲，不論在公私方面都非常支持他。但是，亨利後來卻以她「生不出男孩」爲由而和她離婚。

亨利非常好色，在這段期間之內和許多女性發生關係，其中有一對姊妹梅莉·普林和安·普林。

姊妹兩人在法國宮廷工作，懂得進退應對，還會說一些高級的黃色笑話。法國宮廷的淫蕩對男女關係也造成了影響，將她們磨練成具有魅力的成熟女子。

兩個姊妹回到英國後，也在宮廷中工作。亨利看到梅莉之後，立刻陷入情網，和她發生關係。雖然梅莉後來和其他男人結婚，但依然維持與他的性關係。

亨利並不因此感到滿足，和凱撒琳離婚之後，又誘惑了梅莉的妹妹安，讓她成爲王妃。

當然，亨利的好色並沒有因此而打住。後來他又和珍西蒙發生性行爲。他想立珍爲王妃，這時安就成爲阻礙。於是亨利給安冠上與其他男人通姦的莫須有罪名，將她處死。

處死的第二天，亨利就肆無忌憚的與珍舉行結婚典禮。這種寡廉鮮恥的行爲，的確無法讓普通人理解。

傳說珍這位女性「中等身材，並不是美人。而且有點愚蠢，沒有教養」。但是亨利竟然會爲了她而處死前一任王妃，這也證明她的確有魅力。

珍生下男孩之後立刻就死了，據說這是被處死的安在作祟。

亨利並沒有立刻再婚。三年之後才娶了第四位王妃，她就是德國克雷威茲公爵的女兒安．歐芙．克雷威茲。他這次並沒有和她同床共枕，並且在半年後就和她離婚了。

後來亨利又娶了第五個王妃，就是諾福克公爵的姪女凱撒琳．哈瓦德。

但是凱撒琳．哈瓦德有過離婚的經驗，再婚之後依然和前夫及愛人們保持性關係。當時亨利已經四十九歲，可能無法滿足才剛過二十歲的年輕凱撒琳的性慾吧！

當時凱撒琳通姦的事傳入亨利的耳中，盛怒的亨利在倫敦塔處決了凱撒琳．哈瓦德。

一年半後，亨利又迎進了新王妃，就是第六位的凱撒琳・帕。她有過兩次的結婚經驗，在宮廷內算是一名才女。

但是，亨利卻在三年半後，五十八歲時死去。據說是因爲年輕時罹患了梅毒。

亨利八世結婚六次，並不是單純的想要得到子嗣，而是因爲好色的緣故。

在別章曾說過，中世紀歐洲有所謂的「初夜權」，也就是奪取領民或臣下女兒初夜的權利。此外，還有奪取女孩或年輕人妻的性行爲的「掠奪權」。

亨利八世在旅行時如果遇到喜歡的年輕女孩，就會強行奪取女孩的初夜權。這就是亨利所謂的「初夜權」或「掠奪權」。不過亨利特殊之處，就是不會和對方上床、當成是愛人而已，而是會與其結婚，並立爲王妃。

好色男卡札諾瓦的關心事

在歐洲各地遊蕩的卡札諾瓦，在十八世紀出生於義大利的威尼斯。父親是到處奔走表演的藝人，母親則是歌劇女演員。

卡札諾瓦原本的志願是從事聖職者，在十五歲時當上修士，但他卻是天生的好色男。十歲時寫一些淫蕩的詩，十一歲時就有了第一次的性經驗。

他在十七歲時誘惑十四歲的美少女，因爲奪去其處女之身的事被揭穿，而無法再擔任聖職者。後來他到歐洲各地流浪，沉溺於賭博與愛慾之中。

他在巴黎經常出入路易十五世的宮廷。當時路易十五的頭號愛人龐帕德爾，她爲了好色的國王而建立了後宮，經常去找尋一些如小鹿般的少女以供國王享用。

其中有一位十三歲的少女，她是希臘後裔美麗女演員莫菲的妹妹，本名叫做海雷努。而將這名少女送入後宮的就是卡札諾瓦。

姊姊莫菲是卡札諾瓦的愛人。有一天卡札諾瓦和她們一起吃飯，後來就住在莫菲的公寓裡。可是因爲莫菲和卡札諾瓦睡在一張床，所以海雷努只好睡在沙發上。

到了半夜，卡札諾瓦走近沙發，看著只穿著睡衣的海雷努。因爲她年輕，又擁有豐滿的肉體，卡札諾瓦不禁抱住了她。海雷努嚇了一跳，睜大雙眼，激烈的抵抗。卡札諾瓦送給了她一枚銀幣。

海雷努立刻安靜下來，把自己交給卡札諾瓦。她平常供姊姊差遣，但爲了賺取生活費，有時會去當妓女。因此當卡札諾瓦感到滿意而離去時，海雷努對他說：「我想要賺錢。所以你一定還要再來哦！」

卡札諾瓦無法忘情她的肉體，因此說服了她的姊姊，讓海雷努也住在一起。可能是因爲太喜歡她了，卡札諾瓦把畫家朋友帶來，畫了海雷努的裸體。

這幅畫以「O，莫菲」爲題，在王室的展覽會上展出。路易十五世很感興趣，同時購買了海雷努及畫，讓她成爲寵妾。

對於人體的哪個部分最能夠感到性魅力，因人而異，各有不同。除了乳房、臀部及性器之外，有的人對於毛髮會產生異常的喜愛，這就是所謂的毛髮崇拜者。甚至有的人會將女性的毛髮纏在陰莖上，進行自慰。

卡札諾瓦也是一位毛髮崇拜者。他單戀一位夫人，要求她給他很多的毛髮。他將這些毛髮切碎，放在酒類等飲料中，加點砂糖一起飲用，自我陶醉於其中。

最後卡札諾瓦得了性病，潦倒在貧窮巷子裡，但還是和巷中的妓女持續追求著快樂。

路易十五世與龐帕德爾夫人的奇妙關係

路易十五世是十八世紀的法國國王。在處理政事方面沒有一點才能。只有臉龐如女人般美麗，並且喜歡和女人廝混而已。

十三歲時繼位爲王，二十四歲與波蘭國王的女兒瑪莉亞・雷修卿斯卡結婚。但是路易十五世在性生活方面卻相當荒唐。

路易十五世有許多愛妾，其中最得寵的就是龐帕德爾侯爵夫人。

龐帕德爾的舊姓是波瓦森，有人說她是歐雷魯安公爵（菲力普二世）的王室事務官之女。她的母親原本就是一位風流的女子，有許多愛人，所以，也不知道父親是誰。

她擁有白皙的肌膚，不但是一位美人，並且是擅長美術及文學的才女。二十歲時與稅務官諾曼・迪提歐爾結婚。原本應該過著平凡幸福的人生。

但後來在賽納爾森林中被前來打獵的路易十五世發現，改變了她的命運。當時路易十五世已經擁有幾名愛妾，他卻要龐帕德爾和丈夫離婚，納她爲寵妾。

龐帕德爾也承襲了母親的淫亂，但是，她就好像是有教養的妓女一樣，立刻吸引了路易十五世。路易十五世擁有在新婚之夜就能進行七次性行爲的能力，在閨房內當然非常激烈。

好色的龐帕德爾雖然也能配合，但遺憾的是她的身體比較弱。她害怕一旦拒絕國王的要求，恐怕就會喪失寵妃的寶座。因此爲了配合國王的慾望，有時會持續使用興奮劑。

幾年之後，因爲「房事過度」，她的肉體變得殘破不堪。

但是，路易十五世卻不能因此而滿足。於是龐帕德爾爲他找尋一些如小鹿般的少女，與國王進行性行爲。在威爾沙尤森林中建立「鹿園」，也就是所謂的後宮，讓女子們居住於此。

女子們赤身裸體，只披著薄如蟬翼的長袍。到了夜晚時，就挑選四、五個女人在閨房中與國王共渡一夜。安慰過路易十五的女子多達兩、三百人。

路易十五世來到鹿園，結束了和女子們的性行爲之後，龐帕德爾會由他的口中詳細問出女子肉體的特徵、性行爲時的反應。龐帕德爾希望能藉此保持住與路易十五世之間的繫絆。

龐帕德爾雖然失去了肉體的魅力，卻因爲建立了後宮，而掌握了王室的實權，甚至也會出手干涉政治及外交方面。

她在一七六四年、四十三歲時死去。她的墓誌銘上刻著「十五年是處女，二十年是妓女，七年是老鴇的女子長眠於此」。

路易十五不只好色，還對少女特別有興趣。後來就和巴黎妓女的愛妾過著淫亂的生活。他在一七七四年罹患天花，六十四歲時死去。

發洩性不滿的悲劇王妃

瑪麗．安特瓦妮特是在十八世紀法國革命中遭到逮捕、被送上斷頭臺的著名悲劇王妃。此外，她的生活也很淫亂。她經常脫離常軌，耽溺在愛慾之中。

瑪麗王妃是奧地利女王瑪莉亞．提雷奇亞的女兒。十五歲時嫁給法國國王路易十六世。對於這門婚姻極爲熱心的母親提雷奇亞，是爲了保持奧地利與法國的親密關係，因此提議聯姻。

就好像是成爲人質般的婚姻。但是，法國方面對於嫁過來的女子非常嚴格，甚至不能穿著奧地利的內衣褲進入法國。

奧地利和法國的國境有一座臨時宮廷。瑪麗王妃進入臨時宮廷，在家臣面前脫光衣服，再穿上法國製的內衣褲及服裝。

十五歲的瑪麗王妃飽受屈辱下嫁於此。不但沒有享受到快樂的婚姻生活，甚至宛如地獄一般。

丈夫路易十六世雖然是一名巨漢，卻對婚姻生活毫無興趣。

她在結婚之後，每天無所事事。雖然規定路易夜晚必須回到寢室中，但他經常不在。從女兒處得到報告的提雷吉亞很擔心，寫信建議她「要增加兩倍的愛撫」。

到了結婚第四年，路易十五世去世，瑪麗的丈夫路易十六世即位，她成爲法國王妃。當時已經結婚四年，但她依然是處女之身。

路易十六世的陰莖爲真性包莖，是性無能者，因此，路易十六根本沒有碰過瑪麗，只是忙著打獵。

父親路易十五世生前曾經讓侍醫診治他，認爲動手術就沒問題了，但路易十六世卻拒絕動手術。

和健康的年輕女性結婚，可是卻沒有辦法滿足她的慾望，瑪麗當然會慾求不滿。後來王妃只好藉著參加舞會、觀賞歌劇及賭博等，來撫平自己的情緒。原本她就是一位年輕美貌，而且具有魅力肉體的人，因此，經常有年輕貴族包圍著她。

不光是如此，她也耽溺於同性戀之中，生活非常淫亂，這件事情也傳遍整個巴黎。與其說是瑪麗淫蕩，還不如說是因爲丈夫在性方面有缺陷。

一七八四年時發生了一件事。莫特伯爵夫人想要陷害瑪麗王妃，故意說王妃喬裝打扮，詐騙了她鑲了五百零四顆鑽石的項鍊的事件。這當然是子虛烏有的事，但因爲當時瑪麗王妃的生活放蕩，所以，法官對她的辯解充耳不聞。

後來因爲瑪麗王妃的奢侈，引發了法國革命。一七九二年，丈夫路易十六世被迫退位，翌年被處死。

這時瑪麗王妃的另一個醜聞被揭露。也就是她和八歲的兒子近親相姦。當時兒子已經離開瑪麗王妃的身邊，但是，有證人指出她和兒子睡在一張床上時，曾經教導他手淫。

事實真相不明。雖然瑪麗王妃全盤否認，但還是被處死了。她當時只有三十六歲，可是頭髮全白，看起來就像是六十歲的老太婆一樣。過著奢侈的生活、沉溺於愛慾的瑪麗王妃，實際上卻過了空洞的一生。

第6章

切身性知識

早晨的勃起是健康的象徵嗎？

早晨的勃起，其實是因膀胱留存過多的尿液所引起，這是大家都有過的經驗。是否真的能斷定勃起就是健康的象徵呢？這是值得懷疑的。不可否認的，一般的勃起，是受到色情的刺激所引起，而在青春時期，雖沒有受到色情的刺激，可是由於內褲的磨擦，也常會發生勃起現象。

有一位荷蘭學者說過「男性觀看自己陰莖的勃起而感欣慰」，但是，所謂的勃起，並非如前面所述的情形下才會產生；在『丹麥精神分析』的著作裡，曾有一段這樣的描述：

普通人在一定的睡覺裡，會做十次左右的夢，而這夢並非很長的時間，而是短暫的，同時在睡醒後，大多會忘記所夢的內容；即使是短暫的作夢，但腦波的作用卻會比完全睡熟時來得更激烈，同時肌肉也較緊張。

假如在短暫的作夢裡，有「攻擊性」和「支配慾」現象發生時，就會有勃起的現象。以上是這位學者所描述的大概內容。

由此可知，男性的勃起，與一些攻擊性和支配慾的夢亦有關聯。

總之，不管什麼事情，可以把精力集中在某一事項的人，可以說對性生活方面也是積極的。

陰莖向右彎曲是畸形嗎？

陰莖的彎曲，不一定都是向右，有些也是向左彎曲。

爲什麼這麼重視性器官的形狀呢？

在一百位男人中，有九十九位對自己的陰莖形狀都抱著懷疑的態度，以爲自己的陰莖與常人有異，而憂慮萬分，其實每個人陰莖形狀的不同，就有如每個人有不同形狀的臉形一樣。

陰莖通常都是彎曲的，當然，在未勃起時，其彎曲形態看不出來，但一旦勃起，若非向右便是向左彎曲。在文明的社會裡，沒有挺直陰莖的存在。

剛才所說的文明社會，倒不如說歐洲所流行的衣服文明社會來得要正確。

造成陰莖彎曲的原因，是由於穿西褲所引起，因一般男人習慣將陰莖置放於褲襠的左側或右側。尤其大部分的男人都習慣將陰莖置放於左側，所以，多少形成了向左彎的「左傾陰莖」。而向右彎曲的「右傾陰莖」比較少。

所謂「陰莖」這個名詞，據說是由拉丁語的「penis」（就是尾巴的意思）所演變而來的；又有另外一種說法，認爲它是由pendeo（下垂之意）所演變而來的。

在十四、五、六世紀，歐洲曾經流行緊身的短褲，在褲子的前端附有裝陰莖用的袋子。據說有些人爲了誇示自己擁有粗大的陰莖，甚至在袋子內添加棉布之類的東西。

男性三天就想進行一次性行為嗎？

年輕時每天都想從事性交行爲是當然的事，也是正常的行爲，當然，這是對男性而言。一般的女性都比較喜歡輕微的擁抱。

男性之所以想要從事性交，是因他有了發洩慾，因爲精子一天二十四小時不停的製造，很容易造成飽滿過剩的現象。

不管是性交或是自慰，一次所排出的精液量，大約三天左右便可補充飽滿；飽滿時輸精管會膨脹，而刺激了陰莖的勃起，繼而產生射精的慾望。

即使未達飽滿狀態，如膀胱積滿尿液時，也會發生射精的現象。

在每三天達到飽滿時，如無性交對象，大部分的男性都會採取自慰的行爲來發洩。根據統計，大部分的男人，每三、四天便會進行一次自慰行爲。

達到飽滿時，如強忍自慰行爲，在睡覺時便會無意識的發生射精行爲，這就是所謂的夢洩或遺精。

爲何在睡夢中會有遺精或夢洩的情形發生呢？那是因爲白天你能巧妙而有效的予以控制，但到了晚上睡覺時，大腦失去了控制能力的原故。

睡覺時的射精現象，大多在夢中發生。大多數的年輕男人也許都有過這樣的經驗，即在夢中要進行性行爲的剎那間，便猝然驚醒過來。這種現象是一種青春的象徵。

陰莖變黑色是自慰過度引起的嗎？

每個男人的陰莖，其顏色都不盡相同。有些人的陰莖乍看之下是白而碩大，而有些人的是黑而粗壯，這是對於顏色的差異所產生的不同感覺而已，其實對陰莖的機能毫無關聯。

一般來說，陰莖的顏色，比其他身體任何部位都來得更深，但勃起時，顏色會稍微變淡。

雖然不能肯確的斷定，做了過度的自慰會引起陰莖的變黑，但是，陰莖的顏色，的確會隨著性交次數的增多而變黑。不過，不管變黑或變白，對性交是絲毫不受影響的。

男人到了青春期，陰部便開始長毛，同時陰莖和睪丸也逐漸粗壯變大，慢慢的顯示出男性生殖器的特徵。

在這裡也順便介紹一下陰毛的顏色。

有些人以爲陰毛的顏色和頭髮的顏色完全一樣，這是一種錯誤的想法；東方人的頭髮大多是黑色，陰毛在乍看之下也是呈黑色，但你若仔細的加以觀察時，你會發覺到它實際上是呈淺黑色。

有金黃色頭髮的歐洲人，他們的陰毛顏色與頭髮有明顯的差別。

他們的頭髮大多是極爲光亮的金黃色，而陰毛則是淡金黃色；假如頭髮是呈黑淡金黃色的話，那麼，他們的陰毛大多呈深紅色；同時每個人的陰毛顏色也都不盡相同。所以，不必去爲性器官和陰毛的顏色而煩惱。

陰莖可否用金冷法來鍛鍊？

「男性對陰莖所產生的苦惱，會影響到他的人格的發展，而女性對於性器官的苦惱，只限於性器官本身，而不會影響到人格的發展」。這句話是荷蘭一位性學者所說的，至少對男性來說是極爲正確。

有些早已知道陰莖的大小和強弱，並不影響性生活的人，有時在心理上也會希望擁有粗壯的陰莖，所以，就會想出鍛鍊陰莖的方法。

金冷法是鍛鍊陰莖的其中一種方法，這種方法是先把陰莖泡在溫水裡，然後再急速泡於冷水中，這種重複的做幾次，便可以收到使陰莖變粗壯的效果。

假如你相信的話，這種方法確實有效。

在性方面，肉體會大大的受到精神的影響，話雖然是這麼說，但實際上，陰莖並不能借金冷法來促進長大，頂多借精神上的信仰來增加勃起的程度罷了。

陰莖的勃起是由於陰莖的血液膨脹所引起的，如果明白這道理，對於勃起力衰弱的人，便可用帶子纏住陰莖根來增強陰莖的勃起力量。

根據這種方法，就可以製造出稱爲「快樂之端」或「快樂之環」的陰莖所使用的套環。

當然，在年輕時是不需要做這種行爲，但是，由於生活的過度緊張，亦造成了許多年輕時便有陽痿現象的人，所以，你若知道有快樂之環的存在，不妨一試，或許有所助益。

性器是否男性外凸，女性內凹？

假如你想把「性」用公式（性＝凸＋凹）來表示的話，那麼，你的性知識是完全的錯誤，同時也將無法讓女性產生滿足感。這是什麼原因呢？

男性性器的陰莖，雖然從外形上來看，好像未必完全一樣，但若站在解剖學來看，其形狀則都確是凸形。

有疑問的倒是女性性器官。

你在小時候是否有過像這樣亂畫的情形，例如「畫個圓圈，再於圓圈上畫一條線，然後再畫一個小圓圈，最後在旁邊再添上許多細線」的情形。

是的，那就是女性的性器形狀，像這樣的亂畫現象，在世界各個角落都能看得到。

那麼，這個（小的圓圈）是代表什麼呢？

假如你的回答是陰道，那你的見解是零分，因爲正確的答案應該是陰核。

男性由於陰莖插入陰道而產生快感，你以爲女性也同樣可以得到快感的話，這是男性單方面的片面想法。

從解剖學上看，女性的陰核就是相當於男性的陰莖，雖然其形狀較小，但也是凸形，在受到刺激時，便會勃起。

陰核可以說是女性的迷你陰莖，陰核在解剖學上，不只是和男性的陰莖一樣，而在機能方面也是一樣。

把快樂的性用凸＋凹來表示，是男性的錯誤想法。

如果明白了這道理，那麼，以性是凸＋凹的想法爲出發點來解說的書籍，將是毫無意義的。

嘴大的女性其陰道是否也大？

事實上有許多類似下面這樣的說法：「耳孔的形態是表示陰道的形態」，「鼻子大的男人，其陰莖也大」，「足環緊縮的女性，其陰道也是緊縮著」，「嘴唇厚的女性，其大陰唇也大」。類似這樣的說法，真是不勝枚舉。

假如鼻子大的男性，其陰莖真的也大的話，那麼，歐洲人的陰莖應該都是特大號的了。像法國劇作家西拉諾，他的鼻子可說是舉世無雙，那麼，他的陰莖長度起碼應該有四十五公分以上。

如果女性耳孔的形狀也真的能表示出陰道的形態的話，那麼，所有的男人也都可以依據耳孔來選擇理想的妻子了。

如果嘴唇厚的女性，其大陰唇也大的話，那麼，玻里尼西亞附近的女性，也應該都有很大的陰唇。

這樣的傳聞，對女性來說，真是一大困擾，如果是開玩笑性的說出這些傳聞的話，也許還不傷大雅，但若是出自醫生的口中，那麻煩可就大了。

爲了不受這些謬論的影響，必須自己本身具有豐富正確的性知識。不過，雖然自己已具有了豐富的性知識，但是傳授他人時，如方法有錯誤的話，也易使人產生畏懼的感覺，所以，性知識必需要能帶給人類幸福，才算是正確的性知識。

性知識是有必要去學習的，但假如不能帶來幸福的話，那就是無意義的了。

陰毛稀少的女性性能力較低嗎？

性的能力以強或弱來表示的話，是極爲不正確的，但到底應該以什麼爲標準，來定出性能力的強弱呢？假如以性交的次數爲標準的話，則較爲明顯。

有些女性，一週內雖然只進行一次性交行爲，但是，已可以獲得極度的快感與滿足，而有些女性，雖然天天都從事性交，但仍無法獲得絕對的滿足，你說那一類女性的性能力較強呢？

總之，這是我們對於有關性交能力的強弱的真正意義，沒有完全瞭解，而加以亂用的緣故。

不分男女，到了青春期，性器官周圍都會長出陰毛。

女性身體在分泌女性荷爾蒙時，也同時會分泌男性荷爾蒙，據說其比例是五比一。

陰毛是由於男性荷爾蒙的功能所產生的。月經正常而又健康的女性，大多長有

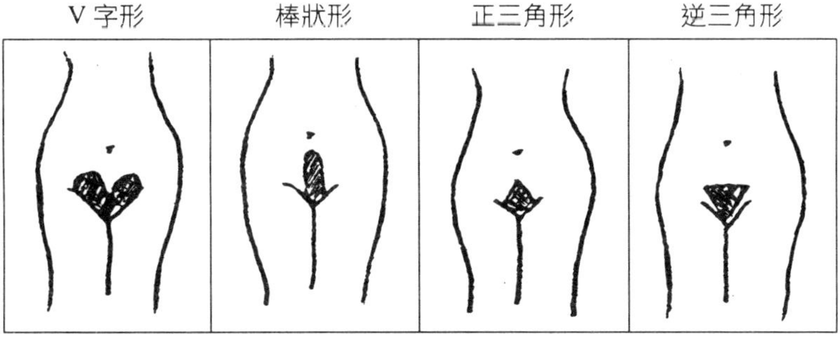

陰毛的形態

濃密的陰毛；相反的，若是月經不順而身體又不健康的女性，其陰毛一般都較爲稀少。

雖然是這麼說，但並非百分之百的正確，這就好比有美麗皮膚的人，乍看起來就好像有健康的身體一樣，其道理是相同的。

從人種上來看，東方的女性一般都有濃密的陰毛，但這並不能表示東方女性在性能力上比歐洲女性還強。

總之，我們常常以外觀來判斷一個人的內在，以爲陰毛長得濃密的人，其性能力一定很強，這是一種錯誤的觀念。

陰毛的形態，一般以逆三角形的形態比較多，但是其他的形態，對於性交也不會有所影響。

女性的性器官是藏在體內嗎？

女性性器官的構造，大部分很難從外面直接看得清楚。成熟的女性性器官，從外面可以看到的部分，並不是位於身體的前面，大部分是在兩腿之間。

兩腿之間首先看到的是大陰唇隆起部分，看起來顏色稍黑，在大陰唇的周圍長有陰毛，同時在其內側有小陰唇。

女性還未性交前，大陰唇是緊閉的，乍看起來似成一條線，但是，經過了多次的性交後，小陰唇就會露出來。

一般說起來，歐洲女性的大陰唇較爲發達，而東方女性的小陰唇較爲發達，所以有許多女性，小陰唇露在大陰唇外面。

大陰唇的長度大約是七公分，做了過度的自慰，也不必憂慮大小陰唇會變形，因爲每個人的陰唇形態都不盡相同。

位於小陰唇上方的就是陰核，其長度大約二・五公分，但並非每個女人的長度

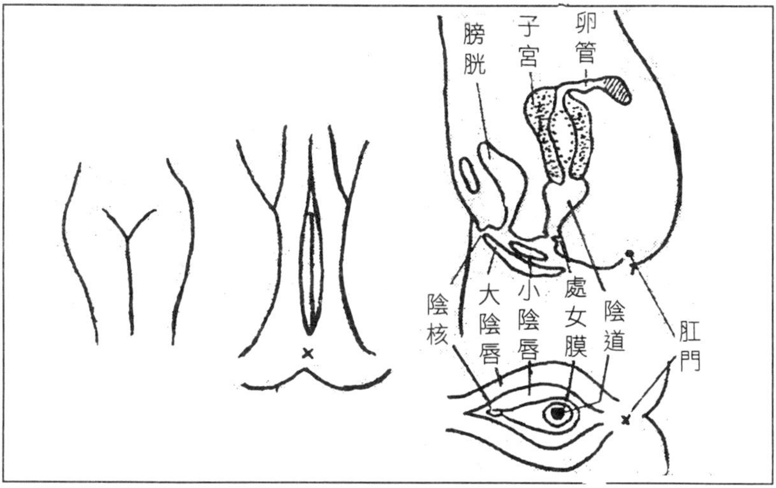

女性性器官的構造

都一樣，實際上我們所看到的是陰核尖端部分，剩下的部分長在裡面。

在小陰唇下方的是陰道，陰道的彈力極佳，可擴張到足以生產小孩的程度，但收縮時僅如鉛筆般的大小。

照這樣看來，女性性器官露在外面的部分不多，陰核雖然很小，但其形狀呈凸形。

每個正常的男性，對於女性性器官都極爲關心，目前在丹麥等許多國家，爲了對女性性器官能獲得更正確的認識，拍了許多女性性器官的照片以供參考。

女性也會射精嗎？

男性達到高潮時就會射精，這就是男性是否達到高潮的象徵。

但是，女性很難找出這種象徵，若要觀察女性是否也達到高潮，只有依據女性所發出的氣喘聲音及陰道緊縮現象來判定。

在醫學上的觀點，認爲女性達到高潮時，離陰道口三分之一左右的肌肉會發生有節奏性的收縮。

假如你認爲女性性交時，若無失神狀態的話，就沒有達到高潮，那麼，你這種觀念是由於過度閱讀黃色小說所引起的。

其實男人若想要觀察女性是否達到高潮，是極爲困難的，因爲女性可以說謊，騙你說已經達到高潮，同時因爲陰道是由括約肌所構成的，所以，可以自由自在的收縮震動。

有些人以爲女性也會射精，其實，女性受了各種刺激時，陰道肌肉就會因緊張而分泌許多巴多林氏腺液及其他分泌物，尤其是達到高潮時，分泌量更多。當然，量的多寡，因人而異，我想，認爲女性也會射精的人，實際上就把這些分泌液當作是女性的射精。

有些女人的陰道分泌液，多至可以沾濕床單；但有些女人卻由於分泌液過少，使得陰莖不易插入，如勉強插入，對女性則會產生痛感，因而如果遇到這種情形，不妨用口水來潤濕一下陰莖以便插入。

女性在高潮時會囈語嗎？

女性達到高潮時，呼吸會更加急促，同時嘴裡會頻頻說出囈語，而囈語內容大致爲「我想要……」或「我快死了……」等等，這些囈語大部分是無意中所學來的，並非本能上所說出來的。

這種情形，在世界任何國家都有，如在英語中也有 I am Coming, I am dying 等語句。

有人認爲**Come**是「來」的意思，但有時需譯成「去」較爲妥當。

至於「去」或「死」是稍微帶有古典的味道，在英語裡有時也會說：**I am going, I am melting**（溶化）。

最近，在日本也有人說「回來」或「沈下」的囈語。

其實並無規定必須說出怎樣的囈語，由於時代的不同所表現的方法也各有不同。但絕對並非沒有說出囈語，就表示沒有達到高潮。

常有誇張行爲的女人，並不見得對性的慾望較爲強烈，祇認爲在性交時能得到各種快樂，所以應該盡情享受。實際女性達到高潮時，血壓會增高，同時陰道會有收縮的現象，其收縮的韻律和男性射精的節奏極爲配合。女性如想要得到確實的高潮，需要經過長期的性經驗來培養。

月經來時是否要靜養？

女性在經期前幾天到經期中，常常有不愉快的感覺，胸部或頭部常會有輕微的

在經期中也可以運動

痛感。在這方面女性的反應比男性更微妙。

在經期間，對於衛生需特別注意，最好使用衛生墊墊著，以避免被血沾到衣服，同時要加強沐浴及更換衛生墊。

月經並不是一種病態，所以也可以照常洗澡。

古時候因爲各種禁忌迷信控制人類，對女性經血的現象一般都有憎惡的觀念存在，所以月經來時，有些人會被禁錮。

月經來潮時的女性「不可如何如何」的禁忌，不僅在東方有，而在世界各地也有這種現象，就是現在，在某些地方還有這樣的禁忌存在。

在還未有衛生棉的時代裡，女性在經期時，可能是使用樹葉吧。

在經期中，除了頭一天之外，可以過著和平常一樣的生活，因爲它不是病態，所以不必特別靜養，適度的運動並不會帶來不良的影響。

月經可以做爲判定是否懷孕的依據，因爲女性懷孕時，便會停經，當然有時月經會晚來幾天，這未必就是代表懷孕。

口交時保持處女的技巧

口交，本來是美國的十幾歲年輕人之間最常見的性行爲。

口交是，除了把陰莖放入膣口內以外的各色各樣體外性行爲。

美國原來是受清教徒主義支配的國家。把事實上婚前性行爲很常見撇開不談，但女性須以處女的身份結婚的觀念仍很強烈。

因此，既要保持處女之身，又要使兩人皆獲得性方面滿足的方法，唯有口交愛撫一途。

但現在還有這種觀念的人已經很少見了。就像大家早已不認爲自慰是逃避性交的最刺激方式一樣，口交是極爲自然的行爲，並不是爲保持貞潔的手段。例如，瑞典在小孩子六歲左右即教予口交的方法。

「對於年輕人與大人來說，口交就像扮醫生遊戲一般。許多人在性交前都有口交愛撫行爲。或者僅進行口交而不性交。同時口交也能獲得高潮。男人以手揉搓女性的陰核的確是件興奮的事。女人刺激男人的陰莖，也可使男人的陰莖在不用進入陰道的情況下，即可以受精，達到性交的目的。」

在口交中我們絲毫找不出任何有關純潔、處女等等字眼的存在。

有些年輕女孩子與男友常發生性行爲，但卻絕不進行通常性的一般性行爲。

乍聞之下，這種女孩子似乎擁有進步而實驗性質的性觀念，其實她們這種人，才真正是屬於尊重處女派的最古董腐朽思想的人呢！

只有口交的行為也會懷孕嗎？

懷孕是精子與卵子結合而形成新生命的現象。

在陰道內射精的精子，逆游至子宮內，在卵管內與卵子相會而結合。

懷孕需要有性交的行爲才會出現。但並非性交之後必產生懷孕的結果。因爲只要採取避孕方法，精子與卵子絕不會結合。

卵子的生命只有數天，精子的生命更只有短短的二十四小時左右。排卵的日期是下次月經來臨前的十二天至十六天之前。因此，受精的可能時期，在月經預定來臨前的十二天至十九天之內。

不過，我們大可不必要牢記這些麻煩的瑣事。前面已說過，並不一定性交就絕對懷孕。

在受精期之間，精子進入陰道與卵子會合，才有受精的可能。

因此，口交絕不可能導致懷孕。

但是，根據理論，如果沾有精液的手指，不慎接觸陰道的話，那麼精子就有可能進入子宮內。

所以說，在口交射精之後，絕不可用擦拭精液的手帕、紙張再擦拭陰道的周圍。同樣的，擦拭過陰莖的東西，也絕不可再來擦拭婦女的下部，這一點在避孕上是很重要的。

熱衷口交愛撫，會習慣「半途而廢」式的性行為嗎？

所謂「半途而廢」式，是指變成「陽痿」或「小陰唇肥大」的後果。尤其是大家以訛傳訛，認為如果「過度口交的話……會變成……」。可是，無論怎麼證明，也找不出口交對身體會有「惡劣」影響的證據。

相反的，口交還有幾點優良的效果。我們看看西方的性教育課本上所列舉的數項優點吧！

一、口交含有學習性交基礎的材料在內，美國的『性與少年』這本書上，如此寫著：

「在自慰的時候，你可以得知刺激身上的那個部位才能獲得最大的快感。但這只限於你自己的肉體而已。而口交的愛撫，卻可以互相了解刺激對方的那個性感帶才具有提高興奮的效果。」

「根據彼此的接觸，身體的某部份出現性的反應。這些部位稱爲性感帶。除卻性器以外，性感帶可在嘴唇、手、頸部、肩、後背、胸部、大腿內側等處發現。」

這是記載於丹麥的性教育書『一個小時性教育』之內的內容。

二、「口交愛撫的行爲本身即包含著巨大的溝通意義在內」（性與少年）。

在言詞已逐漸喪失古代的深切意義的現代，才更需要這種無形的愛的溝通。

三、「口交愛撫可達到百分之百的避孕效果」。

沒有性交的前戲愛撫而遽然進入性交階段，是魯莽而沒有情調的行爲。

4.	已知的他界科學	陳蒼杰譯	220 元
5.	開拓未來的他界科學	陳蒼杰譯	220 元
6.	世紀末變態心理犯罪檔案	沈永嘉譯	240 元
7.	366 天開運年鑑	林廷宇編著	230 元
8.	色彩學與你	野村順一著	230 元
9.	科學手相	淺野八郎著	230 元
10.	你也能成為戀愛高手	柯富陽編著	220 元
11.	血型與十二星座	許淑瑛編著	230 元
12.	動物測驗—人性現形	淺野八郎著	200 元
13.	愛情、幸福完全自測	淺野八郎著	200 元
14.	輕鬆攻佔女性	趙奕世編著	230 元
15.	解讀命運密碼	郭宗德著	200 元
16.	由客家了解亞洲	高木桂藏著	220 元

・女醫師系列・品冠編號 62

1.	子宮內膜症	國府田清子著	200 元
2.	子宮肌瘤	黑島淳子著	200 元
3.	上班女性的壓力症候群	池下育子著	200 元
4.	漏尿、尿失禁	中田真木著	200 元
5.	高齡生產	大鷹美子著	200 元
6.	子宮癌	上坊敏子著	200 元
7.	避孕	早乙女智子著	200 元
8.	不孕症	中村春根著	200 元
9.	生理痛與生理不順	堀口雅子著	200 元
10.	更年期	野末悅子著	200 元

・傳統民俗療法・品冠編號 63

1.	神奇刀療法	潘文雄著	200 元
2.	神奇拍打療法	安在峰著	200 元
3.	神奇拔罐療法	安在峰著	200 元
4.	神奇艾灸療法	安在峰著	200 元
5.	神奇貼敷療法	安在峰著	200 元
6.	神奇薰洗療法	安在峰著	200 元
7.	神奇耳穴療法	安在峰著	200 元
8.	神奇指針療法	安在峰著	200 元
9.	神奇藥酒療法	安在峰著	200 元
10.	神奇藥茶療法	安在峰著	200 元
11.	神奇推拿療法	張貴荷著	200 元
12.	神奇止痛療法	漆 浩 著	200 元

・常見病藥膳調養叢書・品冠編號 631

1.	脂肪肝四季飲食	蕭守貴著	200元
2.	高血壓四季飲食	秦玖剛著	200元
3.	慢性腎炎四季飲食	魏從強著	200元
4.	高脂血症四季飲食	薛輝著	200元
5.	慢性胃炎四季飲食	馬秉祥著	200元
6.	糖尿病四季飲食	王耀獻著	200元
7.	癌症四季飲食	李忠著	200元

・彩色圖解保健・品冠編號 64

1.	瘦身	主婦之友社	300元
2.	腰痛	主婦之友社	300元
3.	肩膀痠痛	主婦之友社	300元
4.	腰、膝、腳的疼痛	主婦之友社	300元
5.	壓力、精神疲勞	主婦之友社	300元
6.	眼睛疲勞、視力減退	主婦之友社	300元

・心 想 事 成・品冠編號 65

1.	魔法愛情點心	結城莫拉著	120元
2.	可愛手工飾品	結城莫拉著	120元
3.	可愛打扮 & 髮型	結城莫拉著	120元
4.	撲克牌算命	結城莫拉著	120元

・熱 門 新 知・品冠編號 67

1.	圖解基因與 DNA	（精）	中原英臣 主編	230元
2.	圖解人體的神奇	（精）	米山公啟 主編	230元
3.	圖解腦與心的構造	（精）	永田和哉 主編	230元
4.	圖解科學的神奇	（精）	鳥海光弘 主編	230元
5.	圖解數學的神奇	（精）	柳 谷 晃 著	250元
6.	圖解基因操作	（精）	海老原充 主編	230元
7.	圖解後基因組	（精）	才園哲人 著	230元

・法律專欄連載・大展編號 58

台大法學院　　法律學系／策劃
法律服務社／編著

1.	別讓您的權利睡著了(1)	200元
2.	別讓您的權利睡著了(2)	200元

・武 術 特 輯・大展編號 10

1.	陳式太極拳入門	馮志強編著	180元

2.	武式太極拳	郝少如編著	200 元
3.	練功十八法入門	蕭京凌編著	120 元
4.	教門長拳	蕭京凌編著	150 元
5.	跆拳道	蕭京凌編譯	180 元
6.	正傳合氣道	程曉鈴譯	200 元
7.	~~圖解雙節棍~~	~~陳銘遠著~~	~~150 元~~
8.	格鬥空手道	鄭旭旭編著	200 元
9.	實用跆拳道	陳國榮編著	200 元
10.	武術初學指南	李文英、解守德編著	250 元
11.	泰國拳	陳國榮著	180 元
12.	中國式摔跤	黃 斌編著	180 元
13.	太極劍入門	李德印編著	180 元
14.	太極拳運動	運動司編	250 元
15.	太極拳譜	清・王宗岳等著	280 元
16.	散手初學	冷 峰編著	200 元
17.	南拳	朱瑞琪編著	180 元
18.	吳式太極劍	王培生著	200 元
19.	太極拳健身與技擊	王培生著	250 元
20.	秘傳武當八卦掌	狄兆龍著	250 元
21.	太極拳論譚	沈 壽著	250 元
22.	陳式太極拳技擊法	馬 虹著	250 元
23.	二十四式/三十二式 太極拳/劍	闞桂香著	180 元
24.	楊式秘傳 129 式太極長拳	張楚全著	280 元
25.	楊式太極拳架詳解	林炳堯著	280 元
26.	華佗五禽劍	劉時榮著	180 元
27.	太極拳基礎講座：基本功與簡化 24 式	李德印著	250 元
28.	武式太極拳精華	薛乃印著	200 元
29.	陳式太極拳拳理闡微	馬 虹著	350 元
30.	陳式太極拳體用全書	馬 虹著	400 元
31.	張三豐太極拳	陳占奎著	200 元
32.	中國太極推手	張 山主編	300 元
33.	48 式太極拳入門	門惠豐編著	220 元
34.	太極拳奇人奇功	嚴翰秀編著	250 元
35.	心意門秘籍	李新民編著	220 元
36.	三才門乾坤戊己功	王培生編著	220 元
37.	武式太極劍精華 +VCD	薛乃印編著	350 元
38.	楊式太極拳	傅鐘文演述	200 元
39.	陳式太極拳、劍 36 式	闞桂香編著	250 元
40.	正宗武式太極拳	薛乃印著	220 元
41.	杜元化＜太極拳正宗＞考析	王海洲等著	300 元
42.	＜珍貴版＞陳式太極拳	沈家楨著	280 元
43.	24 式太極拳＋VCD	中國國家體育總局著	350 元
44.	太極推手絕技	安在峰編著	250 元
45.	孫祿堂武學錄	孫祿堂著	300 元

46. <珍貴本>陳式太極拳精選　馮志強著　280元
47. 武當趙保太極拳小架　鄭悟清傳授　250元
48. 太極拳習練知識問答　邱丕相主編　220元
49. 八法拳 八法槍　武世俊著　220元
50. 地趟拳＋VCD　張憲政著　350元
51. 四十八式太極拳＋VCD　楊 靜演示　400元
52. 三十二式太極劍＋VCD　楊 靜演示　350元
53. 隨曲就伸 中國太極拳名家對話錄　余功保著　300元
54. 陳式太極拳五動八法十三勢　闞桂香著　200元

・彩色圖解太極武術・大展編號 102

1. 太極功夫扇　李德印編著　220元
2. 武當太極劍　李德印編著　220元
3. 楊式太極劍　李德印編著　220元
4. 楊式太極刀　王志遠著　220元
5. 二十四式太極拳（楊式）＋VCD　李德印編著　350元
6. 三十二式太極劍（楊式）＋VCD　李德印編著　350元
7. 四十二式太極劍＋VCD　李德印編著
8. 四十二式太極拳＋VCD　李德印編著

・國際武術競賽套路・大展編號 103

1. 長拳　李巧玲執筆　220元
2. 劍術　程慧琨執筆　220元
3. 刀術　劉同為執筆　220元
4. 槍術　張躍寧執筆　220元
5. 棍術　殷玉柱執筆　220元

・簡化太極拳・大展編號 104

1. 陳式太極拳十三式　陳正雷編著　200元
2. 楊式太極拳十三式　楊振鐸編著　200元
3. 吳式太極拳十三式　李秉慈編著　200元
4. 武式太極拳十三式　喬松茂編著　200元
5. 孫式太極拳十三式　孫劍雲編著　200元
6. 趙堡式太極拳十三式　王海洲編著　200元

・中國當代太極拳名家名著・大展編號 106

1. 太極拳規範教程　李德印著　550元
2. 吳式太極拳詮真　王培生著　500元
3. 武式太極拳詮真　喬松茂著

・名師出高徒・大展編號 111

1.	武術基本功與基本動作	劉玉萍編著	200 元
2.	長拳入門與精進	吳彬等著	220 元
3.	劍術刀術入門與精進	楊柏龍等著	220 元
4.	棍術、槍術入門與精進	邱丕相編著	220 元
5.	南拳入門與精進	朱瑞琪編著	220 元
6.	散手入門與精進	張山等著	220 元
7.	太極拳入門與精進	李德印編著	280 元
8.	太極推手入門與精進	田金龍編著	220 元

・實用武術技擊・大展編號 112

1.	實用自衛拳法	溫佐惠著	250 元
2.	搏擊術精選	陳清山等著	220 元
3.	秘傳防身絕技	程崑彬著	230 元
4.	振藩截拳道入門	陳琦平著	220 元
5.	實用擒拿法	韓建中著	220 元
6.	擒拿反擒拿 88 法	韓建中著	250 元
7.	武當秘門技擊術入門篇	高翔著	250 元
8.	武當秘門技擊術絕技篇	高翔著	250 元

・中國武術規定套路・大展編號 113

1.	螳螂拳	中國武術系列	300 元
2.	劈掛拳	規定套路編寫組	300 元
3.	八極拳	國家體育總局	250 元

・中華傳統武術・大展編號 114

1.	中華古今兵械圖考	裴錫榮主編	280 元
2.	武當劍	陳湘陵編著	200 元
3.	梁派八卦掌（老八掌）	李子鳴遺著	220 元
4.	少林 72 藝與武當 36 功	裴錫榮主編	230 元
5.	三十六把擒拿	佐藤金兵衛主編	200 元
6.	武當太極拳與盤手 20 法	裴錫榮主編	220 元

・少 林 功 夫・大展編號 115

1.	少林打擂秘訣	德虔、素法編著	300 元
2.	少林三大名拳 炮拳、大洪拳、六合拳	門惠豐等著	200 元
3.	少林三絕 氣功、點穴、擒拿	德虔編著	300 元
4.	少林怪兵器秘傳	素法等著	250 元
5.	少林護身暗器秘傳	素法等著	220 元

6. 少林金剛硬氣功　楊維編著　250 元
7. 少林棍法大全　德虔、素法編著　250 元
8. 少林看家拳　德虔、素法編著　250 元
9. 少林正宗七十二藝　德虔、素法編著　280 元
10. 少林瘋魔棍闡宗　馬德著　250 元

・原地太極拳系列・大展編號 11

1. 原地綜合太極拳 24 式　胡啟賢創編　220 元
2. 原地活步太極拳 42 式　胡啟賢創編　200 元
3. 原地簡化太極拳 24 式　胡啟賢創編　200 元
4. 原地太極拳 12 式　胡啟賢創編　200 元
5. 原地青少年太極拳 22 式　胡啟賢創編　220 元

・道 學 文 化・大展編號 12

1. 道在養生：道教長壽術　郝勤等著　250 元
2. 龍虎丹道：道教內丹術　郝勤著　300 元
3. 天上人間：道教神仙譜系　黃德海著　250 元
4. 步罡踏斗：道教祭禮儀典　張澤洪著　250 元
5. 道醫窺秘：道教醫學康復術　王慶餘等著　250 元
6. 勸善成仙：道教生命倫理　李剛著　250 元
7. 洞天福地：道教宮觀勝境　沙銘壽著　250 元
8. 青詞碧簫：道教文學藝術　楊光文等著　250 元
9. 沈博絕麗：道教格言精粹　朱耕發等著　250 元

・易 學 智 慧・大展編號 122

1. 易學與管理　余敦康主編　250 元
2. 易學與養生　劉長林等著　300 元
3. 易學與美學　劉綱紀等著　300 元
4. 易學與科技　董光壁著　280 元
5. 易學與建築　韓增祿著　280 元
6. 易學源流　鄭萬耕著　280 元
7. 易學的思維　傅雲龍等著　250 元
8. 周易與易圖　李申著　250 元
9. 中國佛教與周易　王仲堯著　350 元
10. 易學與儒學　任俊華著　350 元
11. 易學與道教符號揭秘　詹石窗著　350 元

・神 算 大 師・大展編號 123

1. 劉伯溫神算兵法　應涵編著　280 元
2. 姜太公神算兵法　應涵編著　280 元

3. 鬼谷子神算兵法　應涵編著　280元
4. 諸葛亮神算兵法　應涵編著　280元

・秘傳占卜系列・大展編號14

1. 手相術　淺野八郎著　180元
2. 人相術　淺野八郎著　180元
3. 西洋占星術　淺野八郎著　180元
4. 中國神奇占卜　淺野八郎著　150元
5. 夢判斷　淺野八郎著　150元
6. 前世、來世占卜　淺野八郎著　150元
7. 法國式血型學　淺野八郎著　150元
8. 靈感、符咒學　淺野八郎著　150元
9. 紙牌占卜術　淺野八郎著　150元
10. ESP 超能力占卜　淺野八郎著　150元
11. 猶太數的秘術　淺野八郎著　150元
12. 新心理測驗　淺野八郎著　160元
13. 塔羅牌預言秘法　淺野八郎著　200元

・趣味心理講座・大展編號15

1. 性格測驗（1）探索男與女　淺野八郎著　140元
2. 性格測驗（2）透視人心奧秘　淺野八郎著　140元
3. 性格測驗（3）發現陌生的自己　淺野八郎著　140元
4. 性格測驗（4）發現你的真面目　淺野八郎著　140元
5. 性格測驗（5）讓你們吃驚　淺野八郎著　140元
6. 性格測驗（6）洞穿心理盲點　淺野八郎著　140元
7. 性格測驗（7）探索對方心理　淺野八郎著　140元
8. 性格測驗（8）由吃認識自己　淺野八郎著　160元
9. 性格測驗（9）戀愛知多少　淺野八郎著　160元
10. 性格測驗（10）由裝扮瞭解人心　淺野八郎著　160元
11. 性格測驗（11）敲開內心玄機　淺野八郎著　140元
12. 性格測驗（12）透視你的未來　淺野八郎著　160元
13. 血型與你的一生　淺野八郎著　160元
14. 趣味推理遊戲　淺野八郎著　160元
15. 行為語言解析　淺野八郎著　160元

・婦幼天地・大展編號16

1. 八萬人減肥成果　黃靜香譯　180元
2. 三分鐘減肥體操　楊鴻儒譯　150元
3. 窈窕淑女美髮秘訣　柯素娥譯　130元
4. 使妳更迷人　成　玉譯　130元
5. 女性的更年期　官舒妍編譯　160元

6.	胎內育兒法	李玉瓊編譯	150元
7.	早產兒袋鼠式護理	唐岱蘭譯	200元
9.	初次育兒 12 個月	婦幼天地編譯組	180元
10.	斷乳食與幼兒食	婦幼天地編譯組	180元
11.	培養幼兒能力與性向	婦幼天地編譯組	180元
12.	培養幼兒創造力的玩具與遊戲	婦幼天地編譯組	180元
13.	幼兒的症狀與疾病	婦幼天地編譯組	180元
14.	腿部苗條健美法	婦幼天地編譯組	180元
15.	女性腰痛別忽視	婦幼天地編譯組	150元
16.	舒展身心體操術	李玉瓊編譯	130元
17.	三分鐘臉部體操	趙薇妮著	160元
18.	生動的笑容表情術	趙薇妮著	160元
19.	心曠神怡減肥法	川津祐介著	130元
20.	內衣使妳更美麗	陳玄茹譯	130元
21.	瑜伽美姿美容	黃靜香編著	180元
22.	高雅女性裝扮學	陳珮玲譯	180元
23.	蠶糞肌膚美顏法	梨秀子著	160元
24.	認識妳的身體	李玉瓊譯	160元
25.	產後恢復苗條體態	居理安・芙萊喬著	200元
26.	正確護髮美容法	山崎伊久江著	180元
27.	安琪拉美姿養生學	安琪拉蘭斯博瑞著	180元
28.	女體性醫學剖析	增田豐著	220元
29.	懷孕與生產剖析	岡部綾子著	180元
30.	斷奶後的健康育兒	東城百合子著	220元
31.	引出孩子幹勁的責罵藝術	多湖輝著	170元
32.	培養孩子獨立的藝術	多湖輝著	170元
33.	子宮肌瘤與卵巢囊腫	陳秀琳編著	180元
34.	下半身減肥法	納他夏・史達賓著	180元
35.	女性自然美容法	吳雅菁編著	180元
36.	再也不發胖	池園悅太郎著	170元
37.	生男生女控制術	中垣勝裕著	220元
38.	使妳的肌膚更亮麗	楊　皓編著	170元
39.	臉部輪廓變美	芝崎義夫著	180元
40.	斑點、皺紋自己治療	高須克彌著	180元
41.	面皰自己治療	伊藤雄康著	180元
42.	隨心所欲瘦身冥想法	原久子著	180元
43.	胎兒革命	鈴木丈織著	180元
44.	NS 磁氣平衡法塑造窈窕奇蹟	古屋和江著	180元
45.	享瘦從腳開始	山田陽子著	180元
46.	小改變瘦 4 公斤	宮本裕子著	180元
47.	軟管減肥瘦身	高橋輝男著	180元
48.	海藻精神秘美容法	劉名揚編著	180元
49.	肌膚保養與脫毛	鈴木真理著	180元
50.	10 天減肥 3 公斤	彤雲編輯組	180元

51. 穿出自己的品味　西村玲子著　280 元
52. 小孩髮型設計　李芳黛譯　250 元

・青　春　天　地・大展編號 17

1. A 血型與星座　柯素娥編譯　160 元
2. B 血型與星座　柯素娥編譯　160 元
3. 0 血型與星座　柯素娥編譯　160 元
4. AB 血型與星座　柯素娥編譯　120 元
5. 青春期性教室　呂貴嵐編譯　130 元
9. 小論文寫作秘訣　林顯茂編譯　120 元
11. 中學生野外遊戲　熊谷康編著　120 元
12. 恐怖極短篇　柯素娥編譯　130 元
13. 恐怖夜話　小毛驢編譯　130 元
14. 恐怖幽默短篇　小毛驢編譯　120 元
15. 黑色幽默短篇　小毛驢編譯　120 元
16. 靈異怪談　小毛驢編譯　130 元
17. 錯覺遊戲　小毛驢編著　130 元
18. 整人遊戲　小毛驢編著　150 元
19. 有趣的超常識　柯素娥編譯　130 元
20. 哦！原來如此　林慶旺編譯　130 元
21. 趣味競賽 100 種　劉名揚編譯　120 元
22. 數學謎題入門　宋釗宜編譯　150 元
23. 數學謎題解析　宋釗宜編譯　150 元
24. 透視男女心理　林慶旺編譯　120 元
25. 少女情懷的自白　李桂蘭編譯　120 元
26. 由兄弟姊妹看命運　李玉瓊編譯　130 元
27. 趣味的科學魔術　林慶旺編譯　150 元
28. 趣味的心理實驗室　李燕玲編譯　150 元
29. 愛與性心理測驗　小毛驢編譯　130 元
30. 刑案推理解謎　小毛驢編譯　180 元
31. 偵探常識推理　小毛驢編譯　180 元
32. 偵探常識解謎　小毛驢編譯　130 元
33. 偵探推理遊戲　小毛驢編譯　180 元
34. 趣味的超魔術　廖玉山編著　150 元
35. 趣味的珍奇發明　柯素娥編著　150 元
36. 登山用具與技巧　陳瑞菊編著　150 元
37. 性的漫談　蘇燕謀編著　180 元
38. 無的漫談　蘇燕謀編著　180 元
39. 黑色漫談　蘇燕謀編著　180 元
40. 白色漫談　蘇燕謀編著　180 元

・健　康　天　地・大展編號 18

1. 壓力的預防與治療	柯素娥編譯	130 元
2. 超科學氣的魔力	柯素娥編譯	130 元
3. 尿療法治病的神奇	中尾良一著	130 元
4. 鐵證如山的尿療法奇蹟	廖玉山譯	120 元
5. 一日斷食健康法	葉慈容編譯	150 元
6. 胃部強健法	陳炳崑譯	120 元
7. 癌症早期檢查法	廖松濤譯	160 元
8. 老人痴呆症防止法	柯素娥編譯	170 元
9. 松葉汁健康飲料	陳麗芬編譯	150 元
10. 揉肚臍健康法	永井秋夫著	150 元
11. 過勞死、猝死的預防	卓秀貞編譯	130 元
12. 高血壓治療與飲食	藤山順豐著	180 元
13. 老人看護指南	柯素娥編譯	150 元
14. 美容外科淺談	楊啟宏著	150 元
15. 美容外科新境界	楊啟宏著	150 元
16. 鹽是天然的醫生	西英司郎著	140 元
17. 年輕十歲不是夢	梁瑞麟譯	200 元
18. 茶料理治百病	桑野和民著	180 元
20. 杜仲茶養顏減肥法	西田博著	170 元
21. 蜂膠驚人療效	瀨長良三郎著	180 元
22. 蜂膠治百病	瀨長良三郎著	180 元
23. 醫藥與生活	鄭炳全著	180 元
24. 鈣長生寶典	落合敏著	180 元
25. 大蒜長生寶典	木下繁太郎著	160 元
26. 居家自我健康檢查	石川恭三著	160 元
27. 永恆的健康人生	李秀鈴譯	200 元
28. 大豆卵磷脂長生寶典	劉雪卿譯	150 元
29. 芳香療法	梁艾琳譯	160 元
30. 醋長生寶典	柯素娥譯	180 元
31. 從星座透視健康	席拉・吉蒂斯著	180 元
32. 愉悅自在保健學	野本二士夫著	160 元
33. 裸睡健康法	丸山淳士等著	160 元
35. 維他命長生寶典	菅原明子著	180 元
36. 維他命 C 新效果	鐘文訓編	150 元
37. 手、腳病理按摩	堤芳朗著	160 元
38. AIDS 瞭解與預防	彼得塔歇爾著	180 元
39. 甲殼質殼聚糖健康法	沈永嘉譯	160 元
40. 神經痛預防與治療	木下真男著	160 元
41. 室內身體鍛鍊法	陳炳崑編著	160 元
42. 吃出健康藥膳	劉大器編著	180 元
43. 自我指壓術	蘇燕謀編著	160 元
44. 紅蘿蔔汁斷食療法	李玉瓊編著	150 元
45. 洗心術健康秘法	竺翠萍編譯	170 元
46. 枇杷葉健康療法	柯素娥編譯	180 元

47. 抗衰血癒	楊啟宏著	180 元
48. 與癌搏鬥記	逸見政孝著	180 元
49. 冬蟲夏草長生寶典	高橋義博著	170 元
50. 痔瘡・大腸疾病先端療法	宮島伸宜著	180 元
51. 膠布治癒頑固慢性病	加瀨建造著	180 元
52. 芝麻神奇健康法	小林貞作著	170 元
53. 香煙能防止癡呆？	高田明和著	180 元
54. 穀菜食治癌療法	佐藤成志著	180 元
55. 貼藥健康法	松原英多著	180 元
56. 克服癌症調和道呼吸法	帶津良一著	180 元
57. B 型肝炎預防與治療	野村喜重郎著	180 元
58. 青春永駐養生導引術	早島正雄著	180 元
59. 改變呼吸法創造健康	原久子著	180 元
60. 荷爾蒙平衡養生秘訣	出村博著	180 元
61. 水美肌健康法	井戶勝富著	170 元
62. 認識食物掌握健康	廖梅珠編著	170 元
63. 痛風劇痛消除法	鈴木吉彥著	180 元
64. 酸莖菌驚人療效	上田明彥著	180 元
65. 大豆卵磷脂治現代病	神津健一著	200 元
66. 時辰療法—危險時刻凌晨 4 時	呂建強等著	180 元
67. 自然治癒力提升法	帶津良一著	180 元
68. 巧妙的氣保健法	藤平墨子著	180 元
69. 治癒 C 型肝炎	熊田博光著	180 元
70. 肝臟病預防與治療	劉名揚編著	180 元
71. 腰痛平衡療法	荒井政信著	180 元
72. 根治多汗症、狐臭	稻葉益巳著	220 元
73. 40 歲以後的骨質疏鬆症	沈永嘉譯	180 元
74. 認識中藥	松下一成著	180 元
75. 認識氣的科學	佐佐木茂美著	180 元
76. 我戰勝了癌症	安田伸著	180 元
77. 斑點是身心的危險信號	中野進著	180 元
78. 艾波拉病毒大震撼	玉川重德著	180 元
79. 重新還我黑髮	桑名隆一郎著	180 元
80. 身體節律與健康	林博史著	180 元
81. 生薑治萬病	石原結實著	180 元
83. 木炭驚人的威力	大槻彰著	200 元
84. 認識活性氧	井土貴司著	180 元
85. 深海鮫治百病	廖玉山編著	180 元
86. 神奇的蜂王乳	井上丹治著	180 元
87. 卡拉 OK 健腦法	東潔著	180 元
88. 卡拉 OK 健康法	福田伴男著	180 元
89. 醫藥與生活	鄭炳全著	200 元
90. 洋蔥治百病	宮尾興平著	180 元
91. 年輕 10 歲快步健康法	石塚忠雄著	180 元

92. 石榴的驚人神效	岡本順子著	180 元
93. 飲料健康法	白鳥早奈英著	180 元
94. 健康棒體操	劉名揚編譯	180 元
95. 催眠健康法	蕭京凌編著	180 元
96. 鬱金（美王）治百病	水野修一著	180 元
97. 醫藥與生活	鄭炳全著	200 元

・實用女性學講座・大展編號 19

1. 解讀女性內心世界	島田一男著	150 元
2. 塑造成熟的女性	島田一男著	150 元
3. 女性整體裝扮學	黃靜香編著	180 元
4. 女性應對禮儀	黃靜香編著	180 元
5. 女性婚前必修	小野十傳著	200 元
6. 徹底瞭解女人	田口二州著	180 元
7. 拆穿女性謊言 88 招	島田一男著	200 元
8. 解讀女人心	島田一男著	200 元
9. 俘獲女性絕招	志賀貢著	200 元
10. 愛情的壓力解套	中村理英子著	200 元
11. 妳是人見人愛的女孩	廖松濤編著	200 元

・校 園 系 列・大展編號 20

1. 讀書集中術	多湖輝著	180 元
2. 應考的訣竅	多湖輝著	150 元
3. 輕鬆讀書贏得聯考	多湖輝著	180 元
4. 讀書記憶秘訣	多湖輝著	180 元
5. 視力恢復！超速讀術	江錦雲譯	180 元
6. 讀書 36 計	黃柏松編著	180 元
7. 驚人的速讀術	鐘文訓編著	170 元
8. 學生課業輔導良方	多湖輝著	180 元
9. 超速讀超記憶法	廖松濤編著	180 元
10. 速算解題技巧	宋釗宜編著	200 元
11. 看圖學英文	陳炳崑編著	200 元
12. 讓孩子最喜歡數學	沈永嘉譯	180 元
13. 催眠記憶術	林碧清譯	180 元
14. 催眠速讀術	林碧清譯	180 元
15. 數學式思考學習法	劉淑錦譯	200 元
16. 考試憑要領	劉孝暉著	180 元
17. 事半功倍讀書法	王毅希著	200 元
18. 超金榜題名術	陳蒼杰譯	200 元
19. 靈活記憶術	林耀慶編著	180 元
20. 數學增強要領	江修楨編著	180 元
21. 使頭腦靈活的數學	逢澤明著	200 元

國家圖書館出版品預行編目資料

趣味性史漫談／玄虛叟編著
－初版－臺北市，大展，民 93
面；21 公分－（休閒娛樂；49）
ISBN 957-468-296-X（平裝）
1. 性－歷史　　2. 性知識

544.709　　93003866

趣味性史漫談

ISBN 957-468-296-X

編 著 者／玄　虛　叟
發 行 人／蔡　森　明
出 版 者／大展出版社有限公司
社　　址／台北市北投區（石牌）致遠一路 2 段 12 巷 1 號
電　　話／(02) 28236031・28236033・28233123
傳　　真／(02) 28272069
郵政劃撥／01669551
網　　址／www.dah-jaan.com.tw
E-mail／service@dah-jaan.com.tw
登 記 證／局版臺業字第 2171 號
承 印 者／國順圖書印刷公司
裝　　訂／協億印製廠股份有限公司
排 版 者／千兵企業有限公司
初版 1 刷／2004 年（民 93 年） 6 月

定　價／200 元

大展好書　好書大展
品嘗好書　冠群可期

大展好書　好書大展
品嘗好書　冠群可期